Bärenstarke Kinderkost

Einfach, schnell und lecker

Im Interesse der Lesbarkeit verzichten wir in der Regel darauf, in jedem Fall explizit die weibliche und die männliche Form einer Bezeichnung zu verwenden, und benutzen nur das sogenannte generische Maskulinum, das heißt den verallgemeinernden, grammatikalisch männlichen Begriff. Er umfasst, ohne jegliche Diskriminierung, beide Geschlechter.

Die Autorinnen Gabriele Graf, Ursula Plitzko und Ursula Tenberge-Weber sind Ökotrophologinnen und arbeiten bei der Verbraucherzentrale im Bereich Gesunde Ernährung/Ernährungsbildung.

Die Illustratorin Katrin Wiehle illustriert Kinderbücher und vieles andere. Für ihre Werke erhielt sie verschiedene Preise, unter anderem von der Stiftung Buchkunst.

13. Auflage 2015, 199.000–205.000 Exemplare

© Verbraucherzentrale NRW, Düsseldorf

ISBN 978-3-86336-051-1

Printed in Germany
Gedruckt auf 100 % Recyclingpapier

Inhalt

Vorwort

Zu keiner Zeit war das Angebot an frischen Lebensmitteln so groß wie heute. Riesige Gemüse- und Obsttheken empfangen die Kunden im Supermarkt oder beim Discounter. Gut ausgestattete Küchen warten mit verschiedensten Geräten für eine schonende Zubereitung auf. Kochshows zeigen in fast allen Fernsehsendern den Spaß an der Zubereitung und erreichen damit viele Zuschauer. Trotzdem empfinden viele die heimische Küche nicht als Ort der kreativen Tätigkeit, sondern das Kochen als lästige Pflicht, die man möglichst schnell erledigen sollte.

Dazu trägt sicher auch die Vielfalt der Anforderungen an alle Familienmitglieder einiges bei. Eltern sind oft doppelt belastet durch Beruf und Haushaltsführung. Da scheint es nahezuliegen, sich aus der Vielzahl von vorgefertigten Lebensmitteln zu bedienen. Dabei kann gerade das gemeinsame Zubereiten einer Mahlzeit wertvolle Familienzeit sein, bei der Kinder Zuwendung erfahren und gleichzeitig Fertigkeiten und Kenntnisse grundlegender Art erlernen. Trotz aller Einflüsse von außen sind immer noch Eltern die großen Vorbilder ihrer Kinder. Es liegt in ihrer Verantwortung und in ihrer Hand, den Geschmack der Kinder hin zu einer ausgewogenen und schmackhaften Ernährung zu lenken und gute Essgewohnheiten vorzuleben.

Wir möchten Sie mit diesem Buch zum einen informieren, damit Sie eine gute Auswahl treffen können, und zum anderen ermuntern, gemeinsam mit den Familienmitgliedern den Kochlöffel zu schwingen und bärenstarke Gerichte zu zaubern. Unser Bär begleitet Ihre Kinder vom 2. bis zum 14. Lebensjahr. Für die Säuglingsernährung empfehlen wir den Ratgeber „Gesunde Ernährung von Anfang an" (····≯ erhältlich unter anderem bei www.ratgeber-verbraucherzentrale.de).

Sie können verschiedene Einstiegsmöglichkeiten in dieses Buch nutzen:

Der erste Teil des Ratgebers bringt die wichtigsten Informationen rund um das Thema Ernährung für Kinder. Grundlage unserer Empfehlungen sind die Referenzwerte für die Nährstoffzufuhr der Deutschen Gesellschaft für Ernährung (DGE), die in das auf Kinder und Jugendliche zugeschnittene Konzept „optiMiX®" des Forschungsinstituts für Kinderernährung (FKE) münden ( Seite 28). Bei der Lebensmittelauswahl für unsere Rezepte berücksichtigen wir darüber hinaus die Aspekte der Vollwerternährung nach Prof. Dr. Claus Leitzmann (Seite 100 f.). Vollwertiges Essen und Trinken bedeutet – auf einen einfachen Nenner gebracht und egal, ob für Kinder oder Erwachsene – viel Gemüse, Obst, Getreide, Milch und Milchprodukte und durchaus auch Fisch, Fleisch und Eier.

Die einzelnen Kapitel sind gespickt mit vielen Frage-und-Antwort-Elementen aus unserer Beratungspraxis. Die aid-Ernährungspyramide (Seite 26 ff.) erleichtert die Auswahl von Lebensmitteln und deren gezielten Einkauf.

Im zweiten Teil finden Sie rund 100 köstliche und mit Kindern erprobte Rezepte, auch für süße Speisen. Bei den Vorbereitungen und beim Kochen der Rezepte können Ihre Kinder – je nach Alter und Geschick – gut mithelfen (Seite 110 f.).

Liebe geht durch den Magen – das reicht uns nicht. Wir meinen, wenn Herz und Verstand ebenfalls im Spiel sind, wird's eine richtig runde und gesunde Sache. In diesem Sinne: Viel Spaß und guten Appetit!

Wie isst Ihre Familie?
Eine Momentaufnahme

Fragen zur Lebensmittelauswahl

Wie oft isst oder trinkt Ihr Kind was?	👍	👎	👎
Getränke	☐ 5–6 x täglich	☐ 3–4 x täglich	☐ 1–2 x täglich
Gemüse und Obst	☐ 4–5 x täglich	☐ 2–3 x täglich	☐ 1 x täglich
Brot, Getreide, Kartoffeln	☐ 3–4 x täglich	☐ 2 x täglich	☐ 1 x täglich
Milch und Milchprodukte	☐ 3 x täglich	☐ 1–2 x täglich	☐ 1 x täglich
Fisch	☐ 1 x/Woche	☐ alle 2 Wochen	☐ selten
Fleisch	☐ 2–3 x/Woche	☐ 4–5 x/Woche	☐ täglich
Eier	☐ 2–3 x/Woche	☐ 4–5 x/Woche	☐ täglich
Süßigkeiten und Snacks	☐ 3–4 x/Woche wenig	☐ täglich wenig	☐ täglich viel

Informationen zu allen Lebensmittelgruppen finden Sie ab Seite 35.

Die Auswahl der Lebensmittel ist ein bedeutender Aspekt bei der Betrachtung der Ernährung. Tischgewohnheiten, Regelmäßigkeit der Mahlzeiten, Zeitbudget sind weitere wichtige Punkte. Die nachfolgenden Fragen können Sie zum Nachdenken anregen. Hinweise und Tipps zu allen genannten Aspekten finden Sie in diesem Ratgeber.

Fragen zu den Ess- und Tischgewohnheiten

1. Hat Ihr Kind morgens genügend Zeit zu frühstücken?

2. Welche Mahlzeiten werden gemeinsam bei Tisch eingenommen?

3. Wie viel Zeit nehmen Sie sich bei einer gemeinsamen Mahlzeit?

4. Wie viele Mahlzeiten nimmt Ihr Kind über den Tag verteilt ein?

5. Wann isst Ihr Kind besonders viel?
   Wenn es sich langweilt, bei Stress in der Schule, in der Familie
   oder wenn es Frust mit Freunden hatte?

6. Würden Sie Ihr Kind eher als über- oder eher als untergewichtig beschreiben?

7. Was isst und trinkt Ihr Kind am liebsten und was gar nicht?
   Listen Sie jeweils vier Speisen und Getränke auf.

   Mein Kind liebt   Mein Kind mag nicht

Kinder und Essen

Die Essgewohnheiten gehören zu den beständigsten
Verhaltensmustern eines Menschen. Sie entwickeln sich
vorwiegend in der Familie, werden aber auch in der Spielgruppe, im Kindergarten, in der Schule und durch Werbung
beeinflusst. Ein Kind orientiert sich an seinen Bezugspersonen und ahmt sie nach – so auch beim Essen und Trinken.

Einflüsse: Familie, Schule, Werbung

Familie

Die ersten Bezugspersonen sind natürlich die Eltern. Deren
Einstellung gegenüber bestimmten Produkten, ihr Umgang
mit Lebensmitteln und ihre Essgewohnheiten, sprich das
familiäre Ernährungsmuster, übertragen sich „automatisch"
auf das Kind. Für das Essverhalten eines Kindes ist deshalb
wichtig, womit es aufwächst: mit Pausenbroten von zu Hause
oder Snacks vom Kiosk, mit Mahlzeiten aus dem elterlichen
Kochtopf oder aus der Tiefkühltruhe. Egal, was Kindern
angeboten wird, ob Limo, Kekse, Würstchen, ob Müsli,
Vollkornbrot, Rohkost, ungesüßter Tee, Mineralwasser oder
Säfte – sie betrachten diese Lebensmittel als normal und
akzeptieren sie.

Kita

In der Spielgruppe oder Kita kommen neue Einflüsse und
Vorbilder hinzu. Das Kind probiert Neues und Unbekanntes,
die Lebensmittelauswahl wird größer und das Essverhalten
ändert sich. Problematisch kann es werden, wenn Ihr Kind
täglich mit süßen Riegeln und Schnitten, Trinkpäckchen,
Nuss-Nougatcreme und anderen sehr zuckerhaltigen
Lebensmitteln konfrontiert wird und Ihre Bemühungen um
eine gesundheitsfördernde Ernährung erschwert werden.

Schule

In der Schule spielen zunehmend die Freunde eine Rolle. Deren Vorlieben und der allgemeine Trend beeinflussen das Essverhalten Ihres Kindes, dazu kommen Lebensmittel und Getränke, die in den Schulen angeboten werden. Immer mehr Kinder besuchen Ganztagsschulen und werden dort verpflegt. Je nach Ausrichtung besteht hier die Chance, dass Kinder gesundheitsfördernde Lebensmittel kennenlernen und ihren Geschmack erfahren. Die Schulverpflegung übt somit über einen langen Zeitraum Einfluss auf die Essgewohnheiten aus.

Versuchungen eigener Art bietet der Schulweg: ein Bäcker, ein Imbiss oder der Schulkiosk. Einige Schulen bieten außer Milch und Kakao auch die Möglichkeit, ein Pausenfrühstück zu kaufen. Überwiegend werden dabei immer noch helle Brötchen mit süßem Aufstrich, Süßigkeiten, Limonade, Cola und Fruchtsaftgetränke statt Vollkornbrötchen, frischem Obst, Rohkost und Milchprodukten angeboten. Da bleibt manches mitgebrachte Pausenbrot in der Schultasche oder wandert in den Mülleimer.

Werbung

Mit Werbung im Fernsehen und im Internet werden Produkte oft in Verbindung mit eigens komponierten, eingängigen Liedern oder besonders wagemutigem, akrobatischen Können gezeigt. Marken prägen sich so sehr gut ein und werden dann bevorzugt gekauft. Eine Befragung von Kindern hat gezeigt, dass mehr als 50 Prozent der Kinder im Alter von 6 bis 13 Jahren Werbung im Fernsehen als glaubwürdig, unterhaltsam und auch informativ ansehen. Noch höher ist der Anteil an Kindern, die Informationen aus der Werbung nutzen, um ihre Eltern vom Kauf der Produkte zu überzeugen (KidsVerbraucherAnalyse 2013). Besonders häufig wird für Süßigkeiten, süße Getränke, Knabberartikel und Eis geworben.

Was und wie viel brauchen Kinder?

Die körperliche und geistige Entwicklung, die Konzentrations- und Leistungsfähigkeit sowie die Widerstandskraft gegen Krankheiten werden entscheidend beeinflusst durch das, was man isst und trinkt. Das gilt für Kinder und Erwachsene gleichermaßen. Gesund und fit bleibt man in aller Regel mit einer vollwertigen Ernährung. Vollwertig heißt: Alle Nährstoffe (Eiweiß, Fett, Kohlenhydrate, Vitamine und Mineralstoffe) werden in optimaler Menge mit den Lebensmitteln zugeführt – sinnvoll kombiniert und schonend zubereitet.

Tipp: Gesund und fit bleibt man mit einer vollwertigen Ernährung!

Kinder weisen im Unterschied zu Erwachsenen intensive und schnelle Stoffwechselvorgänge auf, die durch das Wachstum und den Bewegungsdrang entstehen (⤳ Kasten, Seite 14). Sie benötigen, unabhängig von Alter, Körpergröße, Körpergewicht und Bewegungsintensität, Energie. Bezogen auf 1 Kilogramm Körpergewicht ist ihr Energiebedarf höher als der von Erwachsenen.

Normales Wachsen heißt: Es geht mal in die Breite, mal in die Länge. Das normale Wachstum im ersten Lebensjahr ist vor allem ein Größenwachstum und erstreckt sich gleichzeitig in die Länge und in die Breite. Am Ende des ersten Lebensjahres haben alle Organe, die mit der Nahrungsaufnahme und Verdauung zu tun haben, eine gewisse Stabilisierung erfahren. Das Kind nimmt jetzt wesentlich langsamer an Gewicht zu als in seinen ersten Lebensmonaten. Sobald es laufen lernt, schwindet das Fettpolster zugunsten der Muskelbildung.

Im Kleinkindalter geht es wieder mehr in die Fülle als in die Höhe. Manches Kind wirkt dann richtig pummelig.

Zwischen dem 5. und 7. Lebensjahr steht das Längenwachstum im Vordergrund. Das Kind sieht schlanker aus, bevor es vom 8. bis zum 10. Lebensjahr wieder eher an Gewicht und

weniger an Größe zulegt. Eine weitere Phase des Längen-
wachstums tritt dann etwa wieder vom 11. bis zum 15. Lebensjahr ein. Kinder sind in dieser Zeit häufig mager, hoch
aufgeschossen und haben eine schwache Muskulatur.

Diese natürlichen Wachstumswellen sollten Eltern berücksichtigen, bevor sie sich möglicherweise unnötige
Sorgen wegen des Gewichts ihrer Kinder machen oder gar
korrigierende Maßnahmen einleiten.

In der folgenden Übersicht wird der Energiebedarf von
Kindern dargestellt. Die Kalorienangaben sind Mittelwerte
und gelten für Kinder mit durchschnittlichem Gewicht und
durchschnittlicher Größe.

Richtwerte für den Energiebedarf (in kcal/Tag)

Alter	Mädchen	Jungen
1–4 Jahre	1.200	1.300
4–7 Jahre	1.500	1.600
7–10 Jahre	1.800	1.900
10–13 Jahre	2.000	2.200
13–15 Jahre	2.200	2.600

Quelle: D-A-C-H Referenzwerte für die Nährstoffzufuhr, 2015

Worauf kommt es an?

Eiweiß, Fett und Kohlenhydrate sind die Hauptnährstoffe
und Energie- und damit Kalorienlieferanten. Wenn Sie wissen
wollen, wie viel Kinder davon benötigen, können Sie dies
mithilfe der folgenden Informationen selbst errechnen. Übrigens sind diese Prozentzahlen auch die Basis für die Berech-
nung der Lebensmittelmengen in der Tabelle auf Seite 55.

Die Energielieferanten

Den größten Teil der Nahrungsenergie, ca. 55 Prozent, liefern die Kohlenhydrate. Stärke, Zucker und Ballaststoffe gehören zu dieser Gruppe. Vor allem Getreide, Kartoffeln, Obst und Gemüse sollten die Zufuhr bestimmen. Diese Lebensmittelgruppen sichern auch eine ausreichende Ballaststoffzufuhr. 1 g Kohlenhydrate liefert rund 4 kcal.

Fette liefern ca. 30 Prozent der Nahrungsenergie. Sie sollten vorwiegend pflanzlicher Herkunft sein. Der Rest, also 15 Prozent der Energie, kommt aus Eiweiß, je zur Hälfte pflanzlicher (Getreide und Kartoffeln) und tierischer Herkunft (Milch, Eier, Fleisch und Fisch). 1 g Fett liefert rund 9 kcal und 1 g Eiweiß rund 4 kcal.

Mithilfe dieser Prozentzahlen können Sie individuell und altersgerecht die Grammmengen für die einzelnen Nährstoffe errechnen.

Mädchen, 8 Jahre		
Energiebedarf:	1.800 kcal	
55 % Kohlenhydrate	= 990 kcal : 4 kcal/g =	248 g
30 % Fett	= 540 kcal : 9 kcal/g =	60 g
15 % Eiweiß	= 270 kcal : 4 kcal/g =	68 g

Aufgaben und Vorkommen der Hauptnährstoffe

Nährstoff	Aufgaben	Vorkommen
Kohlenhydrate		
Stärke	Energielieferant	Getreide, Brot, Hülsenfrüchte, Kartoffeln
Ballaststoffe	Verdauung regulierend, vorbeugend gegen Herz-Kreislauf-Erkrankungen und bestimmte Krebserkrankungen, z. T. cholesterinsenkend und entzündungshemmend	Getreideprodukte aus Vollkorn, wie z. B. Brot, Nudeln, Müsli und Reis; Hülsenfrüchte, Gemüse, Obst, Nüsse, Pilze
Zucker und andere Süßungsmittel	Energielieferant	u. a. Haushaltszucker, Honig, Ahornsirup, süße Lebensmittel, Obst
Fett		
pflanzliche Fette	Energielieferant, fettlösliche Vitamine A, D, E; einfach und mehrfach ungesättigte Fettsäuren	pflanzliche Öle wie Raps- und Olivenöl, Margarine, Nüsse und andere Samenfrüchte wie z. B. Sesam, Leinsamen
tierische Fette	Energielieferant, fettlösliche Vitamine A, E; mehr gesättigte Fettsäuren, wenig ungesättigte Fettsäuren	Butter, Fleisch, Wurst, Käse, Eier, Milch und Milchprodukte
Eiweiß		
pflanzliches Eiweiß	Baustein für das Wachstum und alle Körperzellen, liefert Aminosäuren	Getreide, Getreideprodukte, Hülsenfrüchte wie Bohnen, Linsen; Sojaprodukte
tierisches Eiweiß	Baustein für das Wachstum und alle Körperzellen, liefert Aminosäuren; tierisches Eiweiß ist besser verwertbar als pflanzliches Eiweiß	Fleisch, Fisch, Eier, Milch und Milchprodukte

Vitamine und Mineralstoffe

Vitamine und Mineralstoffe liefern keine Energie, sie sind Wirkstoffe, die im Stoffwechsel lebensnotwendige und unterschiedliche Aufgaben erfüllen. Nur wenn sie in ausgewogener Menge aufgenommen werden, ist eine gesunde Entwicklung bei Kindern gewährleistet. Gesundheitsfördernd sind auch die sogenannten sekundären Pflanzenstoffe. Sie wirken zum Beispiel antibakteriell und krebsvorbeugend und kommen nur in pflanzlichen Lebensmitteln vor, etwa als Farbstoff in Möhren und Brokkoli oder als Öle und Aromen in Kräutern und Zwiebelgewächsen.

Die Zufuhr der meisten Vitamine und Mineralstoffe ist gesichert. Probleme bereiten kann die bedarfsgerechte Zufuhr von Eisen, Jod, Kalzium, Folat und Vitamin D.

Wenn Sie die Aufgaben und Vorkommen dieser wichtigen Vitamine und Mineralstoffe kennen, fällt Ihnen die Zusammenstellung optimaler Mahlzeiten leichter (---; Übersicht, Seite 18).

Nährstoffe	1–3 Jahre	4–6 Jahre	7–9 Jahre	10–12 Jahre w m	13–15 Jahre w m
Kalzium in mg	600	750	900	1100	1200
Eisen in mg	8	8	10	15 12	15 12
Jod in µg	100	120	140	180	200
Folat in µg	120	140	180	240	300
Vitamin D in µg	20	20	20	20	20

Quelle: D-A-C-H Referenzwerte für die Nährstoffzufuhr, 2015

Mit zunehmendem Alter der Kinder steigt ihr Bedarf an wichtigen Nährstoffen (---> Übersicht, Seite 17). Gute Lieferanten dieser Vitamine und Mineralstoffe sollten Sie entsprechend berücksichtigen. Wie gesunde Mahlzeiten aussehen, erfahren Sie ab Seite 56.

Aufgaben und Vorkommen kritischer Vitamine und Mineralstoffe

Nährstoff	Aufgaben	Vorkommen
Vitamine		
Folat	• Bestandteil von Enzymen • Zellteilung, Zellerneuerung	• grünes Blattgemüse, Vollkornprodukte
Vitamin D	• beteiligt am Skelettaufbau • verbessert die Kalziumaufnahme im Darm • beteiligt am Kalziumstoffwechsel	• fettreiche Fische wie Lachs, Hering, Makrele und Eier • Eigenproduktion aus Vorstufen in der Haut durch Bewegung und Aufenthalt im Freien
Mineralstoffe		
Kalzium	• Aufbau und Erhaltung von Knochen und Zähnen • Funktion von Muskeln und Nerven	• Milch und Milchprodukte, Käse, Nüsse, Gemüsearten wie Brokkoli, Grünkohl, Spinat • kalziumreiches Mineralwasser
Jod	• Baustein zur Bildung von Schilddrüsenhormonen	• Seefisch, jodiertes Speisesalz, mit Jodsalz hergestellte Lebensmittel wie Brot, Käse, Wurst
Eisen	• Bestandteil des roten Blutfarbstoffs • Sauerstoffversorgung des Körpers • Aufbau von Enzymen	• Fleisch, Getreide, Nüsse, grünes Gemüse

Was essen Kinder?

Kinder verfügen über ein recht gutes Ernährungswissen, so gelten zum Beispiel Obst, Gemüse und Milchprodukte bei ihnen als „gesund". Aber ihr Verhalten wird meist nicht vom Kopf gesteuert. Viele äußere Einflüsse lassen Kinder zumindest ab der Schulzeit gern „to go", also unterwegs und außer Haus, essen oder sie orientieren sich zunehmend an Freunden und greifen zu Pizza, Eis, Pommes, Schokolade, Süßigkeiten und trinken Limonade und andere Erfrischungsgetränke. Dafür geben sie einen Großteil ihres Taschengelds aus, das sind immerhin durchschnittlich 27 Euro im Monat bei den 6- bis 13-Jährigen (KidsVerbraucherAnalyse, 2013).

Dass Kinder nicht immer das essen, was empfohlen wird, zeigen verschiedene Studien.

zu viel	zu wenig
süße Getränke	Getränke allgemein
tierische Fette	Gemüse und Obst
Süßwaren, Knabbereien	Brot und Kartoffeln
	Vollkornprodukte
	Fisch
	Milch und Milchprodukte

Gute Essgewohnheiten entwickeln

Ungünstige Essgewohnheiten aus der Kindheit sind nur schwer wieder loszuwerden. Wenn Übergewicht entsteht, kann das für das Kind – auch im Erwachsenenalter – zum Problem werden und zum Beispiel Herz-Kreislauf-Erkrankungen, Osteoporose, Diabetes mellitus, Gicht und bestimmte Krebserkrankungen begünstigen. Mit einem ausgewogenen Angebot an Lebensmitteln und mit Eltern als gutem

Vorbild können sich gute Essgewohnheiten bei den Kindern entwickeln und festigen. Damit kann diesen sogenannten Zivilisationskrankheiten früh vorgebeugt werden.

Was fehlt Kindern?

Beim Blick auf den Speiseplan von Kindern hat sich gezeigt, dass die Aufnahme von Kalorien, Kohlenhydraten und Fetten im Durchschnitt den Empfehlungen entspricht. Eine ausreichende Versorgung ist auch bei den meisten Vitaminen und Mineralstoffen gegeben. Dennoch kommen einige Nährstoffe zu kurz und sollten bei der Auswahl der Lebensmittel besonders beachtet werden.

Kohlenhydrate

Aus der Gruppe der Kohlenhydrate sind es vor allem die Ballaststoffe und die Stärke. Ballaststoffe haben wichtige Funktionen im Darm und sind reichlich in Vollkorngetreide zu finden. Mehr dazu finden Sie auf Seite 15, 16 und ab Seite 34.

Kalzium und Eisen

Mit Kalzium und Eisen sind insbesondere Mädchen oftmals nicht ausreichend versorgt. Kalzium ist ein wichtiger Baustoff für die Knochen und hauptsächlich in Milch und Milchprodukten enthalten. Eisen ist wichtig für den Transport von Sauerstoff im Blut. Außer Fleisch leisten vor allem Vollkornprodukte einen wesentlichen Beitrag zur Versorgung.

Jodzufuhr

Die Jodzufuhr hatte sich aufgrund zahlreicher Maßnahmen in Deutschland zunächst verbessert. Dieser positive Trend ist leider wieder rückläufig, so die Ergebnisse der DONALD Studie (in: Deutsche Gesellschaft für Ernährung (Hrsg.): 12. Ernährungsbericht 2012, Bonn, 2012, S. 112–118). Grund kann der verringerte Einsatz von Jodsalz in der Lebensmittelherstellung sein. Daher sollten Sie jodiertes Speisesalz im Haushalt verwenden. Jod wirkt als Bestandteil der Schilddrüse und beeinflusst zahlreiche Stoffwechselprozesse. Der Verzehr von Seefisch, aber auch von Milch und Milchprodukten sowie die Verwendung von Jodsalz tragen wesentlich zur optimalen Versorgung bei.

Folat

Folat gehört ebenso wie Vitamin D zu den Vitaminen, die bei den derzeitigen Essgewohnheiten häufig nicht ausreichend aufgenommen werden. Folat ist wichtig für die Zellneubildung und -teilung. Reich an Folat sind Blatt- und einige Kohlgemüse sowie Tomaten, Orangen und Vollkorngetreide.

Vitamin-D-Versorgung

Eine ausreichende Vitamin-D-Versorgung ist Voraussetzung für eine optimale Kalziumaufnahme und somit für den Aufbau von Knochensubstanz. Vitamin D wird mithilfe von ultraviolettem Licht aus Vorstufen in der Haut gebildet. Wie viel Vitamin D dabei entsteht, ist abhängig vom Hauttyp, vom Anteil der unbekleideten Hautfläche und der Dauer des Aufenthalts im Freien. Nach neuesten Erkenntnissen reicht die Sonnenstrahlung in unseren Breiten nicht aus, um auch im Winter genügend Reserven an Vitamin D zu bilden. Daher ist unter Umständen, in Absprache mit dem Kinderarzt, die Einnahme eines Vitamin-D-Präparats sinnvoll. Vitamin D kommt in nennenswerten Mengen in fettreichem Fisch, Pilzen, Butter, vollfetten Milchprodukten, angereicherter Margarine und Eigelb vor. Gerade im Winter sind die genannten Lebensmittel zur Sicherung der Zufuhr an Vitamin D besonders wichtig.

Bei allen hier erwähnten Nährstoffen und bei möglicher Unterversorgung sollte man das Wichtigste nicht vergessen: Kein Kind und auch kein Erwachsener isst genau nach Plan und Vorgabe täglich das, was der Körper braucht. Essen sollte auch einfach Spaß machen und zu einem schönen gemeinsamen Erlebnis werden. Hilfreich ist ein vielfältiges, abwechslungsreiches Angebot, am besten nach Saison, aber auch orientiert an den Vorlieben der Kinder. Denn das beste Angebot nützt nichts, wenn das Kind keine Lust darauf hat. Diese Balance zu schaffen ist für viele Eltern nicht immer leicht.

Tipp: Nehmen Sie sich Zeit, gemeinsam mit dem Kind zu kochen. Das macht es neugierig darauf zu erfahren, wie das fertige Gericht schmeckt.

Was darf mein Kind wiegen?

Ob ein Kind unter-, über- oder normalgewichtig ist, wird mit dem sogenannten BMI (Body-Mass-Index) bestimmt. Der BMI lässt sich mit der BMI-Formel aus dem Gewicht und der Größe des Kindes errechnen. Wenn Sie genau wissen wollen, wie der Gewichtsstatus Ihres Kindes zu beurteilen ist, fragen Sie den Kinderarzt.

Tipp: Wenden Sie sich mit Fragen rund um das Gewicht des Kindes an Ihren Kinderarzt.

Eine erste grobe Einschätzung ist anhand des errechneten BMI und der abgebildeten Perzentilenkurven möglich. Dafür zeichnen Sie das Alter Ihres Kindes mit einer senkrechten Linie und den errechneten BMI mit einer waagerechten Linie ein. Liegt der Kreuzungspunkt im markierten grünen Bereich, dann ist das Gewicht im Toleranzbereich. Ihr Kind sollte sich in etwa entlang dieser Linie weiterentwickeln und keine großen Abweichungen nach unten oder oben zeigen. Liegt der Kreuzungspunkt über oder unter dem grünen Bereich, besprechen Sie dies am besten mit dem Kinderarzt. Nicht immer ist Ihr Kind gleich über- oder untergewichtig.

Die BMI-Formel:

Beispiel: 7-jähriges Mädchen, 28 kg, 1,30 m groß

$$\frac{\text{Gewicht (in kg)}}{\text{Größe (in m) x Größe (in m)}} = \text{BMI} \qquad \frac{28}{1{,}30 \text{ x } 1{,}30} = 16{,}6$$

Perzentilen für den BMI

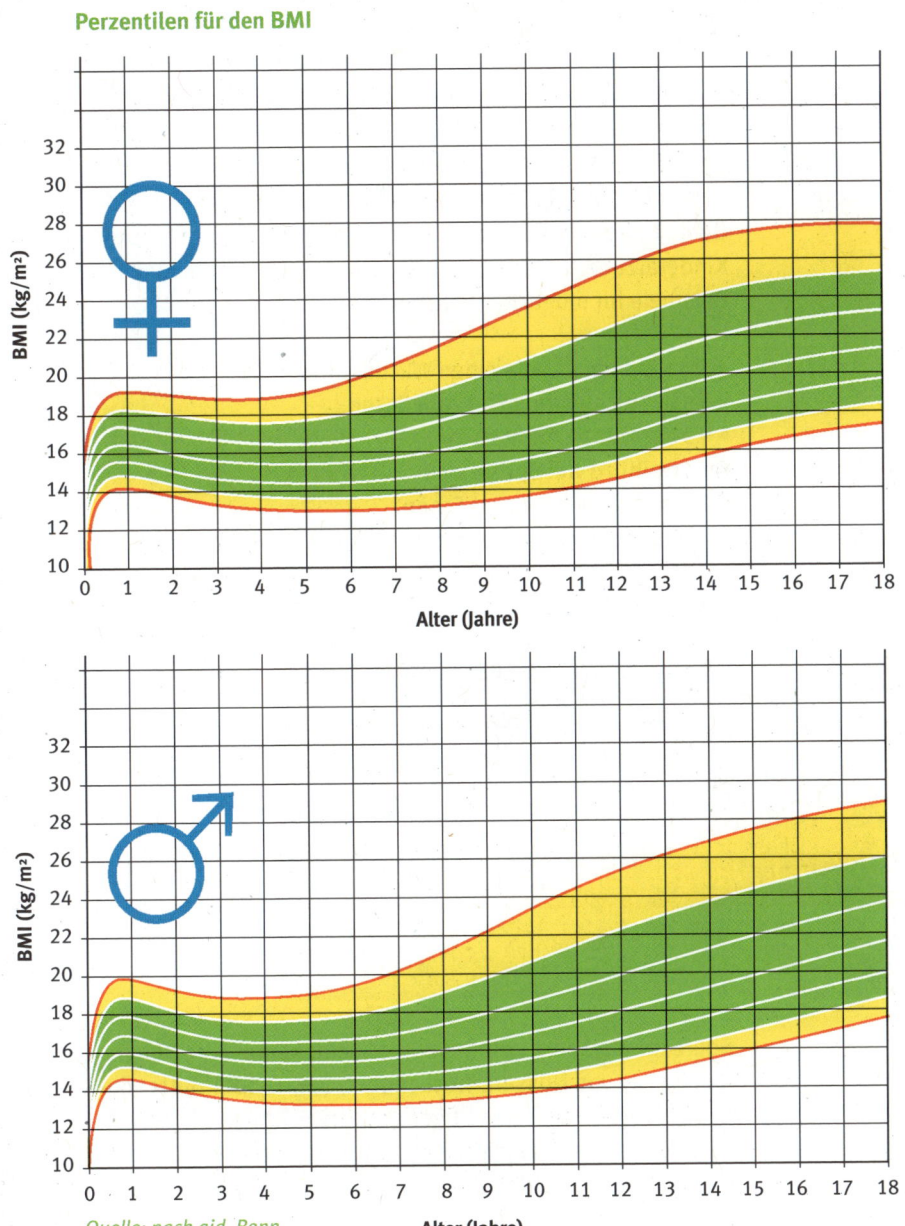

Quelle: nach aid, Bonn

Mein Kind ist zu dünn – was soll ich tun?

Zunächst sollten Sie feststellen, ob Ihr Kind wirklich zu dünn ist. Das können Sie mithilfe der Grafik (→Seite 23). Liegt das Gewicht noch im Toleranzbereich, besteht kein Grund zur Besorgnis. Ist Ihr Kind tatsächlich zu dünn, sollten Sie sich Gedanken zu den Ursachen machen und gegebenenfalls den Kinderarzt beim nächsten Gespräch danach fragen. Einige Beispiele für mögliche Ursachen:

- Ihr Kind hat gerade einen Wachstumsschub.
- Es hat nicht genug Zeit zum Essen.
- Es hat keinen Appetit.
- Es treibt zu viel Sport.
- Es ist oft zu müde zum Essen.
- Es hat womöglich Ärger, zum Beispiel in der Schule.
- Ältere Mädchen – aber auch manche Jungen – machen schon eine „Schönheitsdiät".

Die Pubertät bringt große körperliche Veränderungen bei Jugendlichen mit sich. Vor allem Mädchen neigen dann dazu, ein möglichst geringes Körpergewicht zu erreichen. Eine extreme Pubertätsmagersucht, häufig ab dem 14. bis 15. Lebensjahr, braucht auf jeden Fall ärztliche Behandlung oder psychologische Betreuung. Informationen und Beratung für Eltern und Angehörige gibt es bei der Bundeszentrale für gesundheitliche Aufklärung: www.bzga-essstoerungen.de/

Sollte Ihr Kind kein „großer Esser" sein, können Sie durch den Zusatz von Nüssen, Trockenobst, Sahne oder Butter die Speisen etwas energiehaltiger gestalten. Achten Sie darauf, dass fünf bis sechs kleine Mahlzeiten gegessen werden, und reichen Sie zu den Zwischenmahlzeiten Obst, Obst mit Milchprodukten oder Müsli.

Mein Kind ist **zu dick** – was soll ich tun?

Stellen Sie mithilfe der Grafik auf Seite 23 fest, wie das Gewicht Ihres Kindes einzuordnen ist. Bevor Sie etwas unternehmen, versuchen Sie zunächst, die Ursache(n) für das Übergewicht Ihres Kindes herauszufinden. Sehr häufig spielen ungünstige Essgewohnheiten wie Naschen, schnelles und unregelmäßiges Essen, mangelnde Bewegung sowie psychische Faktoren wie Stress, Langeweile oder Frustration eine Rolle. Sprechen Sie in diesem Fall mit dem Kinderarzt, mit Ernährungsberatern oder holen Sie sich psychologischen Rat.

Ist eine leichte Tendenz zum Übergewicht zu erkennen, können folgende Hinweise helfen:

- Berücksichtigen Sie bei der Zusammenstellung der Mahlzeiten die Wünsche Ihres Kindes.
- Setzen Sie Süßes nicht als Belohnung oder zum Trösten ein, lesen Sie vielleicht lieber eine spannende Geschichte vor.
- Schaffen Sie Gelegenheiten, bei denen Sie sich mit Ihrem Kind gemeinsam bewegen und Spaß und Freude daran vermitteln können, wie zum Beispiel beim Radfahren oder Ballspielen.
- Beschäftigen Sie sich mit Ihrem Kind, wenn es Aufmerksamkeit braucht.
- Wenn Ihr Kind Langeweile hat, überlegen Sie gemeinsam, was Abhilfe schafft.
- Gehen Sie beim Zubereiten von Speisen und beim Kochen mit Fett und Zucker sparsam um.
- Wählen Sie fettarme Sorten bei Milch, Joghurt, Quark, Käse, Wurst, Fleisch und Fisch.
- Ersetzen Sie häufiger Wurst oder Käse auf dem Brot durch Gurken- oder Tomatenscheiben.

Richtig essen mit der aid-Ernährungspyramide

Manchmal ist es schwierig, aus dem unüberschaubar großen Lebensmittelangebot das zu erkennen, was lecker und gesund, qualitativ gut und den Preis wert ist. Die aid-Ernährungspyramide zeigt, wie es gehen kann. Sie ist eine familientaugliche Orientierungshilfe für die richtige Auswahl der Lebensmittel und hilft, die passenden Portionsgrößen und Mahlzeitenkombinationen zu finden.

Quelle: aid infodienst e. V., Idee: Sonja Mannhardt

Die Pyramide basiert auf den von der Deutschen Gesellschaft für Ernährung (DGE) festgelegten Referenzwerten für die Energie- und Nährstoffzufuhr und außerdem auf den Ernährungsempfehlungen nach optiMIX ®. Diese Ernährungsempfehlungen lauten:

- reichlich pflanzliche Lebensmittel (Gemüse, Obst, Getreide) und Getränke,
- mäßig tierische Lebensmittel (Milch, Milchprodukte, Fleisch, Fisch und Ei),
- sparsam fettreiche Lebensmittel (Butter, Margarine, Öle, fettreiche Fleisch- und Wurstwaren) und Süßwaren.

Dafür steht optiMIX®

optiMIX® ist das Markenzeichen für „Optimierte Mischkost". Dahinter steht das Ernährungskonzept des Forschungsinstituts für Kinderernährung in Dortmund. optiMIX® berücksichtigt unter anderem die Mahlzeitengewohnheiten sowie die Essensvorlieben und Abneigungen von Kindern und Jugendlichen. Die sich daraus ergebende Lebensmittelauswahl trägt zur Prävention ernährungsbedingter Erkrankungen bei.

Die erste Orientierungsmöglichkeit für die richtige Auswahl der Lebensmittel sind die Ampelfarben Grün, Gelb und Rot. Sie geben das Signal, für welche Lebensmittel der Weg frei ist, bei welchen man „auf die Bremse" treten soll und bei welchen „Achtung!" geboten ist.

Grün: zum Durstlöschen — Getränke
zum Sattessen — pflanzliche Lebensmittel
Gelb: zum maßvollen Genuss — tierische Lebensmittel
Rot: zum Genießen und Verfeinern — fettreiche und süße Lebensmittel

Die Bedeutung der Lebensmittel lässt sich auch mit der Form der Pyramide anschaulich darstellen: Die aid-Ernährungspyramide teilt die Lebensmittel für den täglichen Bedarf in Gruppen ein, die entsprechend ihrer Bedeutung und ihrer Mengenanteile auf sechs Ebenen angeordnet sind. Ein Kästchen stellt jeweils eine Portion dar (⤍ Seite 30 f.).

Für Kinder und Erwachsene baut sich die Pyramide folgendermaßen auf:

1. Ebene:	6 Portionen Getränke als Basis
2. Ebene:	5 Portionen Obst und Gemüse, roh oder zubereitet (⤍ „5 am Tag", Seite 42)
3. Ebene:	4 Portionen Brot, Getreide und Beilagen
4. Ebene:	3 Portionen Milch, Milchprodukte und 1 Portion Fleisch oder Wurst oder Fisch oder Ei
5. Ebene:	2 Portionen Öl, (Streich-)Fett
6. Ebene:	1 Portion Süßigkeiten oder Snacks

Tipp: Weitere Informationen zur Ernährungspyramide finden Sie auch unter www.aid-ernaehrungspyramide.de

Wie sich die Pyramide über einen Tag hinweg passend füllen lässt, zeigt das Beispiel auf den folgenden Seiten. Wie groß die jeweiligen Portionen sind, wird mit dem praktischen „Handmodell" ab Seite 33 erläutert. Die einzelnen Lebensmittelgruppen werden im folgenden Kapitel näher beschrieben.

Essen und Trinken nach der Ernährungspyramide ermöglicht der ganzen Familie eine schmackhafte und ausgewogene Ernährung.

Beispiel für einen Tagesplan

Mahlzeit	1. Tag	Portionen	
Frühstück	Kräutertee Müsli mit Joghurt und frischem Obst	**Getränk** **Getreide** **Milchprodukt** **Obst/Gemüse**	
2. Frühstück	Trink- oder Mineralwasser Vollkornbrot mit Butter und Käse, Kohlrabischeiben	**Getränk** **Getreide** **Fett** **Milchprodukt** **Gemüse/Obst**	
Mittagessen	Trink- oder Mineralwasser Bunter Gemüse- Nudelauflauf mit Ei und Speiseöl	**Getränk** **Gemüse/Obst** **Getreide** **Ei** **Fett**	
Zwischen- mahlzeit	Verdünnter Obstsaft Gemüsespieß	**Getränk** **(Obst/Gemüse)** **Gemüse**	

Mahlzeit	1. Tag	Portionen	
Abendessen	Früchtetee Vollkornbrötchen mit Kräuterquark und Apfel	**Getränk** **Getreide** **Milchprodukt** **Obst/Gemüse**	
„Extras"	Gummibärchen	**Schleckerei**	
Zwischen-durch	Kräutertee	**Getränk**	

Portionen und Mengen – das Handmodell

Sie haben die richtige Auswahl bei den Lebensmitteln getroffen und die Anzahl der Portionen ermittelt. Doch nun stellen Sie sich die Frage: Was bedeutet eine Portion? Wie groß darf die Menge sein? Die richtige Menge ist die, mit der der Energie- und Nährstoffbedarf dem Alter des Kindes entsprechend gedeckt werden kann. Dann wächst das Kind gesund auf, ist fit und leistungsfähig und entwickelt sein Gewicht im Normbereich.

Tipp: Besonders bei Süßigkeiten kann man sich gut am Handmodell orientieren und die Portion für den Tag bemessen.

Das hier vorgestellte Handmodell wurde entwickelt, um lästiges Berechnen und Abwiegen überflüssig zu machen. Für die Praxis bedeutet das: Die Portionsgröße orientiert sich an der Größe der eigenen Hand. Nach dem Motto „Kleine Hände, kleine Portionen – große Hände, große Portionen" ist dieses Maß individuell und wächst mit.

Für Kleinkinder orientieren Sie sich bei den Mengen für Getränke, Milch und Milchprodukte bitte an der Tabelle auf Seite 55, da die Mengen hier etwas kleiner sind als im Handmodell dargestellt.

Nach dem Handmodell ist eine geeignete Portion:

Lebensmittel	Portionsgröße	
für die Getränke	ein volles Glas (ca. 100–250 ml)	
für Beilagen wie zum Beispiel Kartoffeln, Reis, Nudeln	beide Hände zur Schale geformt	
für Brot	die ganze Handfläche	
für Obst und Gemüse großstückig, zum Beispiel ein ganzer Apfel	eine Handvoll	
für Obst und Gemüse/ Salat, kleinstückig	beide Hände zur Schale geformt	
für Milch, Joghurt	1 Glas (0,1–0,15 l), 1 Becher (100–150 g)	
für Käse, Wurst, Fleisch	der Handteller	
für Fett	in Esslöffeln gemessen, je nach Alter 1,5–2 EL pro Tag	
für Süßigkeiten	eine Handvoll	

Was Sie über Lebensmittel wissen sollten

Nun wissen Sie, welche Lebensmittelgruppen wichtig sind und wie oft und wie viel jeweils davon gegessen werden sollte. Was Sie bei der konkreten Auswahl berücksichtigen sollten, lesen Sie in diesem Kapitel. Im Rezeptteil ab Seite 112 finden Sie jeweils passende Rezepte.

Getränke

Tagesmenge = 6 Portionen
Maßeinheit = 1 Portion: 1 Glas oder Becher (100–250 ml)

Wohlbefinden und Leistungsfähigkeit hängen wesentlich vom ausreichenden Trinken ab. Schon bei einer leichten Unterversorgung lässt das körperliche und geistige Leistungsvermögen nach.

Kleinkinder sollten etwa 0,6 bis 1 l, Schulkinder 1 bis 1,5 l trinken. Diese Mengen können auf 6 Portionen aufgeteilt werden.

Wenn Ihr Kind von sich aus wenig trinkt, sollten Sie es immer wieder daran erinnern bzw. ihm direkt etwas anbieten. Zu jeder Mahlzeit gehört ein Getränk aus der Kategorie „empfehlenswerte Durstlöscher": Trinkwasser, Mineralwasser mit oder ohne Kohlensäure, Kräuter- und Früchtetees ohne Zucker und Fruchtsaftschorlen bzw. verdünnte Obst- und Gemüsesäfte (1 Teil Saft und 3 Teile Wasser).

Limonaden, Cola- und Fruchtsaftgetränke sowie Fruchtnektare enthalten vor allem viel Zucker und Zusatzstoffe und gehören in die Spitze der Ernährungspyramide zu den Süßigkeiten.

Unverdünnte Obst- und Gemüsesäfte oder ein Smoothie können ab und zu eine der empfohlenen fünf Portionen Obst und Gemüse am Tag ersetzen.

Milch, Milchmischgetränke und Kakao zählen wegen ihres hohen Energiegehalts eher zu den Zwischenmahlzeiten. Sie sind zum Durstlöschen nicht geeignet und gehören nicht zu den Getränken.

Grundsätzlich gut – die Qualität von Trinkwasser!

Trinkwasser ist unser wichtigstes Lebensmittel. Es muss so beschaffen sein, dass ein Mensch es ein Leben lang unbedenklich trinken kann: keimfrei, farb- und geruchlos, kühl und geschmacklich einwandfrei. Dass es so aus dem Wasserhahn läuft, dafür sorgt der Gesetzgeber. In der Trinkwasserverordnung sind Grenzwerte für problematische Inhaltsstoffe festgelegt. In Ausnahmefällen kann es jedoch zu einer gesundheitlichen Gefährdung kommen, zum Beispiel wenn in einem Haus noch alte Bleirohre installiert sind, der Nitratgehalt hoch ist, erhöhte Kupferwerte festgestellt werden und beim Einsatz eines Wassersprudlers nicht streng auf äußerste Sauberkeit geachtet wurde.

Solche Beeinträchtigungen des Trinkwassers können insbesondere für Säuglinge und Kleinkinder problematisch werden. Um diese Gefährdung auszuschließen, sollten Sie Folgendes beachten:

- Wasser aus Bleirohren, das längere Zeit (1 Stunde) in der Leitung gestanden hat, sollte 3 bis 5 Minuten ablaufen, bis es verwendet wird. Säuglinge, Kleinkinder und Schwangere sollten dieses Wasser nicht trinken.

- Das Wasser aus neu verlegten Kupferrohren sollte etwa ein Jahr lang nicht für die Zubereitung von Säuglingsnahrung verwendet werden. Danach können Sie es nutzen.
- Bis zu dem gesetzlich festgelegten Nitrathöchstwert von 50 mg/l besteht keine Gefahr für Säuglinge. Liegt der Nitratwert darüber, sollten Sie auf spezielles Wasser mit der Kennzeichnung „geeignet für die Zubereitung von Säuglingsnahrung" ausweichen.
- Trinkwasser sollte immer frisch gezapft werden. Das gilt auch, wenn es anschließend in einem Wassersprudler mit Kohlensäure angereichert wird. Wassersprudler und die dazugehörigen Flaschen sollten Sie regelmäßig reinigen.

Sind mit **Süßstoff** gesüßte Getränke eine Alternative zu zuckerhaltigen Getränken?

Diese vielfach als „Lightgetränke" angebotenen Lebensmittel sind keine Alternative. Durch den Austausch von Zucker gegen Süßstoffe sind zwar die Kalorien reduziert, aber die Gewöhnung an Süßes bleibt (→auch Seite 76 ff.).

Dürfen Kinder **Cola** trinken?

Würden Sie Ihrem Kind Kaffee anbieten? Nein? Dann haben Sie schon selbst die Antwort gegeben, denn Cola-Getränke enthalten ebenfalls Koffein und sind deshalb für Kinder ungeeignet. Unabhängig davon bietet Cola wenig Aufmunterndes: Wasser, Zucker (7 Stücke Würfelzucker pro Glas, 0,2 l), Kohlensäure, Farbstoffe, Säuerungsmittel, Aromastoffe – keine Vitamine, keine Mineralstoffe.

Cola light oder Diätcola enthalten zwar keinen Zucker – der ist durch Süßstoffe ersetzt –, dafür aber Koffein. „Kinder-Cola" wiederum ist zwar koffeinfrei, weist aber den vollen Zuckergehalt auf. Bessere und preiswertere

Alternativen sind Trink- und Mineralwasser und verdünnte Obstsäfte. Ein besonderer Anlass, bei dem Sie eine Ausnahme von dieser Regel erlauben, kann ein Fest oder Geburtstag sein.

 Braucht ein Kind mit Vitaminen und Mineralstoffen angereicherte Säfte?

Nein. Eine abwechslungsreiche Ernährung enthält in der Regel alle wichtigen Nährstoffe. Im Gegenteil, eine Kombination von verschiedenen angereicherten Produkten wie zum Beispiel Bonbons, Saft, Milchprodukte oder Cerealien kann auch zu einer Überdosierung einzelner Mineralstoffe führen. Greifen Sie lieber auf normale Säfte zurück und mischen diese im Verhältnis von 1 Teil Saft zu 3 Teilen Wasser. Das spart auch Geld.

Gemüse und Obst

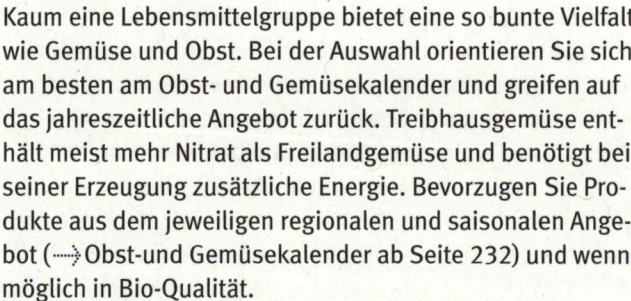

**Tagesmenge = 5 Portionen; die fünfte Portion kann ein Gemüse- oder Fruchtsaft sein
(Maßeinheit = 1 Portion großstückig: eine Handvoll
1 Portion kleinstückig: beide Hände zur Schale geformt)**

Kaum eine Lebensmittelgruppe bietet eine so bunte Vielfalt wie Gemüse und Obst. Bei der Auswahl orientieren Sie sich am besten am Obst- und Gemüsekalender und greifen auf das jahreszeitliche Angebot zurück. Treibhausgemüse enthält meist mehr Nitrat als Freilandgemüse und benötigt bei seiner Erzeugung zusätzliche Energie. Bevorzugen Sie Produkte aus dem jeweiligen regionalen und saisonalen Angebot (⤑ Obst-und Gemüsekalender ab Seite 232) und wenn möglich in Bio-Qualität.

Soll ich Obst und Gemüse aus **ökologischem Landbau** kaufen?

Nach Möglichkeit ja. Obst und Gemüse, aber natürlich auch alle anderen Lebensmittel aus dem ökologischen Landbau werden umweltschonend erzeugt. Bei der Produktion wird auf leicht lösliche Stickstoffdünger und chemisch-synthetische Pflanzenschutzmittel verzichtet. Aus diesem Grund sind Rückstände von Pflanzenschutzmitteln in Öko-Lebensmitteln normalerweise nicht enthalten. Allgegenwärtige Umweltschadstoffe aus Kraftfahrzeugen oder industrieller Produktion sind jedoch auch auf und in ökologisch erzeugten Lebensmitteln nachzuweisen. Wenn Sie die Umwelt schonen und langfristig Ihrer Gesundheit etwas Gutes tun möchten, kaufen Sie Lebensmittel aus dem ökologischen Landbau.

Kann ich mich auf die Begriffe „Bio" oder „Öko" bei Lebensmitteln verlassen?

Ja, denn pflanzliche wie auch tierische Bio-Lebensmittel werden nach den Vorgaben der EU-Öko-Verordnung erzeugt, die eine Kontrolle der Produktion garantiert. Alle Lebensmittel, die die Worte „Öko" oder „Bio" in ihrem Namen führen, sind nach dieser EU-Verordnung hergestellt. Begriffe wie „umweltschonend", „unbehandelt" oder „ohne Chemie" garantieren dies nicht. Das in Deutschland häufig genutzte Siegel unterscheidet sich vom europaweit vorgeschriebenen Zeichen. Das deutsche Siegel ist kein Muss auf der Verpackung. Die Nutzung durch den Hersteller ist freiwillig. Das europäische Siegel hingegen ist Pflicht auf allen Produkten nach der EU-Öko-Verordnung.

Gemüse

Gemüse ist kalorienarm, reich an Vitaminen, Mineral- und Ballaststoffen und an sekundären Pflanzenstoffen. Es sollte möglichst frisch sein und die Hälfte der Tagesportion sollte roh verzehrt werden.

Ob roh oder gegart, Rezepte gibt es für jeden Geschmack, auch speziell für den von Kindern, die häufig Gemüsemuffel sind. Gemüserohkost als Ergänzung zum zweiten Frühstück oder Abendessen, Salate, gegartes Gemüse oder Gemüse als Auflauf oder Pizzabelag schmecken Kindern in der Regel.

Tiefkühlgemüse kann, wenn das Angebot mal nicht so üppig ist, eine Alternative zu frischem sein. Dann sollte es aber möglichst frei von weiteren Zusätzen wie Gewürzen, Sahne oder Butter sein. Nicht empfehlenswert ist Konservengemüse, da durch das Erhitzen in der Dose viele Vitamine verloren gehen.

❓ Mein Kind mag kein Gemüse, fehlt ihm was??
. . . .

Lehnt Ihr Kind Gemüse völlig ab, lässt sich für eine gewisse Zeit ein Ausgleich durch mehr Obst und Kartoffeln erreichen. Auf die Dauer ist Gemüse aber unverzichtbar. Erfahrungsgemäß kommt es nur sehr selten vor, dass Kinder kein Gemüse mögen. Oft lehnen sie bestimmte Arten ab, zum Beispiel „weil es so hart ist" oder „so komisch schmeckt".

Durch kleine Kniffe lassen sich auch Gemüsemuffel überzeugen: In Soßen versteckte pürierte Gemüse (Blumenkohl, Brokkoli, Möhren, Kürbis, Pastinaken, Zucchini) sind eine ideale Ergänzung für Reis- oder Nudelgerichte. Gemüsesuppen, in Kombination mit Kartoffeln zubereitet, oder rohes Gemüse mit Dip zum Tunken als Fingerfood können Kinder ebenfalls für Gemüse begeistern. Ein Vollkornbrot mit Frischkäse oder Quark kann mit Gemüsestücken zu einem lustigen Brotgesicht werden.

Obst

Süß und saftig – das ist Obst. Mit seiner Buntheit und seinen vielfältigen Zubereitungsmöglichkeiten ist für jeden Kindergeschmack etwas dabei. Wenn Sie es möglichst in roher Form anbieten, liefert es wertvolle Vitamine, vor allem Vitamin C, und Mineralstoffe. Es ist ideal als Ergänzung zum Frühstück, als Zwischenmahlzeit oder als Nachspeise. Eine Portion Trockenobst darf ab und zu ein Stück Obst ersetzen.

Obstkonserven enthalten meist viel Zucker. Sie sollten nur für Ausnahmefälle im Vorratsschrank stehen.

Sind **Smoothies** ein guter Ersatz für frisches Obst?

Smoothies sind sogenannte Ganzfruchtgetränke. Im Gegensatz zum Fruchtsaft wird das Obst nicht ausgepresst, sondern die ganze Frucht fein püriert. Selbst hergestellte Smoothies können eine Alternative sein, wenn Ihr Kind nicht gern Obst isst. Pürieren Sie dafür Früchte, zum Beispiel Erdbeeren, Honigmelone, Ananas oder Bananen, mit Naturjoghurt oder ein wenig Milch und geben das Getränk in ein attraktives Glas.

Gekaufte Smoothies bestehen vorrangig aus püriertem Obst, Säften oder Konzentraten. Da es für die Zusammensetzung von Smoothies keine Vorschriften gibt, lässt sich die Qualität nur anhand der Zutatenliste erkennen. Achten Sie beim Kauf von Smoothies darauf, dass sie wirklich aus püriertem Obst bestehen und nicht hauptsächlich aus preiswerterem Saft, den man dann teuer bezahlt, und darauf, dass sie keinerlei Zusatzstoffe sowie Zucker enthalten.

„5 am Tag"

Die Gesundheitskampagne „Gemüse und Obst – Nimm 5 am Tag" hat das Ziel, durch die Steigerung des Gemüse- und Obstverzehrs insbesondere das Risiko für Herz-Kreislauf-Erkrankungen und für bestimmte Krebserkrankungen zu senken. Die Empfehlung gilt für Kinder und Erwachsene. www.5amtag.de

Getreide, Brot, Kartoffeln, Hülsenfrüchte

Tagesmenge = 4 Portionen
Maßeinheit = 1 Portion Getreide oder Beilagen:
beide Hände zur Schale geformt
1 Portion Brot: 1 Scheibe in der Größe der Handfläche

Getreide und Kartoffeln sind wichtige Grundnahrungsmittel. Sie sichern wesentlich die Zufuhr wichtiger Inhaltsstoffe wie Stärke, Ballaststoffe, B-Vitamine und Eisen. Beim Getreide sind es insbesondere die Vollkornprodukte, die einen wertvollen Beitrag zur Versorgung mit diesen Nährstoffen leisten.

Getreide und Getreideprodukte

Die Auswahl an Getreide und Getreideprodukten – auch aus dem vollen Korn – ist groß: Brot, Brötchen, Müsli, Nudeln, Reis. Auch Hirse oder Grünkern schmecken lecker und bereichern den Speiseplan. Kinder essen Vollkornprodukte gern, wenn sie zum Beispiel als Pfannkuchen, Müsli oder Vollkornbrötchen mit Rosinen, Sesam oder Sonnenblumenkernen angeboten werden. Vollkornkuchen findet dann begeisterten Anklang, wenn Sie ihn mit viel Obst oder Quark zubereiten (⟶ Rezepte ab Seite 113).

Zöliakie, eine Lebensmittelunverträglichkeit

Bei der Zöliakie verursacht ein Eiweißbestandteil aus verschiedenen Getreidesorten Beschwerden wie chronische Bauchschmerzen, Durchfälle und Blähungen. Gluten ist zum Beispiel in Weizen, Roggen oder Gerste enthalten. Bei etwa einem Prozent der Bevölkerung, die von der Autoimmunerkrankung Zöliakie betroffen sind, löst Gluten entsprechende Beschwerden aus. Eine sichere Diagnose kann nur ein Arzt nach Bluttests und einer Dünndarmuntersuchung stellen. Ernährt man sich konsequent glutenfrei, erholt sich der Darm und die Beschwerden verschwinden.
Weitere Informationen dazu bietet die Deutsche Zöliakie Gesellschaft e.V., www.dzg-online.de

Brot und Brötchen aus Vollkornmehl gibt es mittlerweile in fast jeder Bäckerei. Hergestellt aus fein gemahlenem Vollkornmehl, mit geschroteten oder ganzen Körnern, mit Samen und Nüssen – für jeden Geschmack ist etwas dabei. Brote oder Brötchen mit Bezeichnungen wie „Mehrkornbrot oder -brötchen" sind in der Regel keine Vollkornbackwaren, sondern herkömmliche Mischbrote aus hellem Mehl mit geringen Körneranteilen. Wenn Sie es genau wissen möchten, fragen Sie in der Bäckerei explizit nach Vollkornprodukten oder einem Zutatenverzeichnis.

Tipp: Rezepte für leckere Vollkornbackwaren finden Sie im Rezeptteil ab Seite 113.

Vollkorngetreideflocken, einzeln oder in Müslimischungen, sind ebenfalls eine gute Möglichkeit, Getreide bei den Mahlzeiten zu berücksichtigen. Bei Müslimischungen sollten Sie darauf achten, dass sie ohne Zuckerzusatz sind.

Nudeln, Reis, Hirse, Grünkern oder andere Getreidearten können kalt als Salate oder warm als leckere Beilagen den Speiseplan bereichern. Oft macht die würzige Soße oder der leckere Dip ein Getreidegericht attraktiv.

Beim Einkauf von Vollkornprodukten sollten Sie genau hin-
schauen. Mehl aus dem vollen Korn wird unter der Bezeichnung „Vollkornmehl" angeboten. Eine Typenbezeichnung wie
bei hellem Mehl (Type 405) ist nicht vorgeschrieben. Vollkornbrot und -brötchen müssen zu 90 Prozent aus Vollkornmehl oder -schrot hergestellt werden. Eine dunklere Farbe ist
kein Merkmal für ein Brot aus dem vollen Korn. Sie entsteht
oftmals durch Zusetzen von Malzextrakten.

Wann kann ich anfangen, meinem Kind „Vollkörniges" anzubieten?

Wenn die Backenzähne da sind und das Kind gut kauen
kann. Für kleine Kinder sollten die Körner nicht zu grob
sein, denn die Bissen werden oft noch unzerkaut hinunter-
geschluckt. Kinder, die von Anfang an Vollkornprodukte
essen, empfinden das als ganz normal. Entdecken Kinder
aber „Vollkörniges" neu auf ihrem Teller, müssen sie sich
erst an die dunklere Farbe, den anderen Geschmack und an
die härtere Konsistenz einzelner Speisen gewöhnen. Bei
der Umstellung kann ein Kind unter Umständen mit starken
Blähungen reagieren, wie übrigens Erwachsene auch. Bieten
Sie die Produkte zunächst in kleinen Mengen an und steigern Sie sie langsam. So können sich die Verdauungsorgane
an die „Mehrarbeit" gewöhnen. Die Bekömmlichkeit steigt
durch gründliches Kauen und reichliches Trinken. Zucker und
Säfte können sie stören.

Kartoffeln

Frisch zubereitete Kartoffeln, gegart als Pellkartoffeln oder
verarbeitet zu Püree, bringen Abwechslung in die warmen
Mahlzeiten. Sie sind die Basis für zahlreiche Rezepte, die
schnell oder auch aufwendig zubereitet werden. Die fett-
reichen Varianten wie Pommes frites, Kroketten oder Reibe-

kuchen sollten seltener auf dem Speiseplan stehen. Nicht empfehlenswert sind Trockenprodukte wie zum Beispiel Püree- und Kloßpulver. Sie weisen nicht mehr den ursprünglichen Nährstoffgehalt auf, sind jedoch darüber hinaus mit einer Reihe weiterer Zutaten und Zusatzstoffe versehen.

Acrylamid entsteht bei der Erhitzung von Lebensmitteln im Zuge der Bräunungsreaktion, vor allem wenn Kartoffel- und Getreideprodukte frittiert, gebacken oder gebraten werden – egal ob bei der industriellen oder der häuslichen Zubereitung. Aus Tierversuchen ist bekannt, dass hohe Acrylamidmengen Nerven und Erbgut schädigen können. Für den Menschen wird es als wahrscheinlich erbgutschädigend und krebserregend eingestuft. Grundsätzlich sollten Sie das Risiko minimieren.

Was hat es mit dem Acrylamidgehalt in Pommes frites auf sich?

Pommes frites gehören ebenso wie Chips und Bratkartoffeln zu den Lebensmitteln, die bei der Zubereitung Acrylamid bilden können. Um den Acrylamidgehalt möglichst gering zu halten, sollte die Temperatur in der Fritteuse nicht über 175 °C und im Backofen nicht über 180 °C (Umluft) bzw. 200 °C (ohne Umluft) liegen. Der Bräunungsgrad sollte maximal goldgelb sein. Je dunkler die Pommes sind, desto mehr Acrylamid enthalten sie. Besser ist es außerdem, dicke statt dünne Pommes frites zuzubereiten. Denn Acrylamid bildet sich an der Außenfläche: Je größer die Oberfläche im Verhältnis zum gesamten Lebensmittel ist, desto mehr Acrylamid ist festzustellen. Wenn Sie Backpapier verwenden, sind die Acrylamidwerte niedriger, weil die Kontaktbräune geringer ist.

 **Grüne Stellen an Kartoffeln** – **kann man die mitessen?**

In diesen grünen Stellen verbirgt sich die giftige Substanz Solanin. Sie wird weder durch Hitze zerstört noch von menschlichen Enzymen abgebaut. Beim Kochen geht sie teilweise in das Kochwasser über. Grüne Stellen müssen in jedem Fall weggeschnitten und das Kochwasser muss weggeschüttet werden.

Sind rohe Kartoffeln schädlich?

Nein. Sie belasten allerdings die Verdauung stärker als gekochte Kartoffeln. Rohe Kartoffelstärke ist für den Menschen sehr schlecht verwertbar. Beim Kochen verkleistert die Stärke und wird dadurch gut verdaulich.

Hülsenfrüchte

Auch Hülsenfrüchte zählen im weitesten Sinne zum Gemüse. Zu ihnen gehören zum Beispiel die getrockneten Samen von Bohnen, Erbsen und Linsen. Sie sind wichtige Lieferanten von hochwertigem Eiweiß, Ballaststoffen, Eisen, Folat und Vitamin B1. Insbesondere bei einer vegetarischen Ernährung sind sie in Kombination mit Getreide wichtige Lebensmittel für die Versorgung mit Eiweiß. Das Angebot an Hülsenfrüchten ist vielfältig: gelbe und grüne Erbsen, weiße, schwarze und rote Bohnen (Kidneybohnen), Augenbohnen, grüne, braune, schwarze und rote Linsen. Zur Verbesserung der Verdaulichkeit empfiehlt es sich, gut zu kauen und ausreichend zu trinken. Durch die Kombination mit Vitamin-C-reichem Gemüse (zum Beispiel Paprika, Brokkoli) wird die Verfügbarkeit des Eisens verbessert. Dies ist von besonderer Bedeutung für Vegetarier.

Hülsenfrüchte sind vielfach verwendbar. Sie eignen sich zum Keimen (Keimlinge vor dem Essen blanchieren), für Eintopfgerichte, Aufläufe, als Salatzutat und Bratling-Grundlage. Für Kinder, die sehr leicht Blähungen bekommen, sollten Eintöpfe mit einer kleineren Menge Hülsenfrüchte und mit mehr Gemüse und Kartoffeln zubereitet werden. Linsen werden häufig besser vertragen als andere Hülsenfrüchte und sind zum Beispiel als Linsensuppe ein beliebtes Kindergericht (Rezept Seite 155).

Milch und Milchprodukte

Tagesmenge = täglich 3 Portionen Milch, Milchprodukte, Käse
Maßeinheit =
1 Portion Milch: 1 Glas oder Becher (100 bis 150 ml)
1 Portion Käse: 1 Scheibe von Handtellergröße

Milch und Milchprodukte sind die wichtigsten Kalziumquellen und liefern zudem wertvolles Eiweiß, aber auch Fett. Beim Blick in das Kühlregal eines Supermarkts wird deutlich: Wer die Wahl hat, hat die Qual. Das Angebot ist riesig, umso mehr kommt es darauf an, Bescheid zu wissen. Joghurt, Quark, Buttermilch und Dickmilch, naturbelassen und ohne weitere Zusätze, sind eine gute Wahl. Für die Kinderernährung sind fettarme Varianten mit 1,5 Prozent Fettgehalt empfehlenswert. Sie können diese Milchprodukte ganz leicht mit Obst oder Kräutern aufpeppen und für jeden Geschmack zubereiten. Die zahlreichen Kindermilchprodukte mit Knusperstückchen und bunten Perlen enthalten meist viel Zucker und sind daher als Süßigkeit zu werten. Sie sollten die Ausnahme bleiben und nicht täglich auf den Tisch kommen.

Kleine Milchkunde

Milch ist nicht gleich Milch! Sie können wählen zwischen:

Frischmilch mit dem Zusatz „traditionell hergestellt": Dies ist eine Milch, die nach dem klassischen Pasteurisierungsverfahren, kurzes Erhitzen bei mindestens 72 °C, haltbar gemacht wurde. Dadurch wird sie vor schnellem Verderb geschützt, es gehen nur wenige Nährstoffe verloren und der frische Geschmack bleibt erhalten.

Frischmilch mit dem Zusatz „länger haltbar": Diese auch als ESL-Milch bezeichnete Sorte verdankt ihren Namen dem „extended shelf life" – also dem längeren Leben im Kühlregal. Zwei unterschiedliche Verfahren sorgen dafür, dass diese Milch auch nach vier Wochen noch nicht sauer ist. In dem einen Fall wird sie kurz für wenige Sekunden auf bis zu 127 °C erhitzt. Nachteil ist ein leichter Kochgeschmack, den viele von der H-Milch kennen. Im anderen Verfahren sieben die Molkereien mit mikrofeinen Filtern die Bakterien aus. Anschließend wird die Milch, wie bei Frischmilch üblich, pasteurisiert.

Tipp: Rohmilch, die nicht erhitzt wurde, ist für Kinder ungeeignet, da sie Erreger von Lebensmittelinfektionen enthalten kann. Unbedingt vorher abkochen!

H-Milch: Die ultrahocherhitzte Milch kann wochenlang ohne Kühlung aufbewahrt werden und ist für die Vorratshaltung geeignet. Empfindliche Gaumen schmecken einen „Kochgeschmack" heraus.

Mit täglich einem viertel bis einem halben Liter Milch oder Milchprodukten und einer Portion Käse leisten Sie schon einen wesentlichen Beitrag für eine optimale Kalziumversorgung. Bei der Auswahl der Käsesorten sollten Sie die mit einem mittleren Fettgehalt von bis zu 45 Prozent Fett i. Tr. nehmen.

Ein Glas Milch (0,2 l mit 1,5 Prozent Fett) enthält etwa
100 kcal. Aus diesem Grund sollte Milch als nahrhaftes
Lebensmittel und nicht als Getränk betrachtet werden. Übrigens: Sahne ist zwar ein Milchprodukt, gehört aber aufgrund
des hohen Fettgehalts in die Spitze der Ernährungspyramide.

Was ist, wenn mein Kind nur Kakao mag, keine Milch?

Kakao kann eine Alternative sein, wenn Ihr Kind Milch
und Joghurt ablehnt. Achten Sie aber auf den Zuckergehalt. Ein Teelöffel Instantkakao enthält 4 Gramm Zucker
(= ca. 1,5 Zuckerwürfel). Besser ist selbst gekochter, wenig
gesüßter Kakao. Oder vielleicht schmecken Ihrem Kind auch
selbst hergestellte Milchmischgetränke, zum Beispiel mit
Bananen.

Achtung: Die mit Fruchtgeschmack angebotenen fertigen
Milchmischgetränke oder Instantpulver sind ebenfalls
zuckerreich.

Ist Kinderschokolade ein wertvoller Milchlieferant?

Nein. Kinderschokolade ist ein gutes Beispiel dafür, wie
wir uns von der Werbung an der Nase herumführen lassen.
Denn wir folgen gern der beabsichtigten Assoziation: Milch
= gut und wertvoll; Milch in Schokolade = gute Schokolade =
besonders gut für Kinder. Natürlich sind in einem Nahrungsmittel, das mit Milch hergestellt wird, auch die wichtigsten
Bestandteile der Milch enthalten, vor allem das Kalzium. Das
allein reicht aber nicht aus, um Kinderschokolade zu einem
nennenswerten Milchlieferanten zu machen. Betrachten
Sie also Kinderschokolade als eine Süßigkeit wie andere
Schokolade auch (→auch Seite 77 ff.).

Fleisch, Wurst, Fisch, Eier

Tagesmenge = 1 Portion Fleisch, Fisch, Ei oder Wurst
Bezogen auf eine Woche heißt das: 2–3 x Fleisch,
1 x Fisch und 1–3 Eier
Maßeinheit = 1 Portion: 1 Stück von Handtellergröße

Diese Lebensmittelgruppe ist sehr beliebt und kann einen wertvollen Beitrag zur Versorgung mit hochwertigem Eiweiß, wichtigen Mineralstoffen wie Eisen (Fleisch) und Jod (Fisch) und B-Vitaminen leisten. Wählen Sie fettarme Fleisch- und Wurstsorten aus.

Fleisch

Fettarme Fleischmahlzeiten sind möglich, wenn Sie sich für fettarmes Muskelfleisch und fettarme Wurstwaren entscheiden. Infrage kommen Rind-, Schweine- und Geflügelfleisch.

Fettarme Wurstwaren wie zum Beispiel Geflügelwurst oder Schinken können alternativ zum Käse als Brotbelag eingeplant werden. Wenn Kinder nur schwer auf fettreiche Streichwurst verzichten können, können Sie das Streichfett (Butter, Margarine) einsparen. Speck zählt aufgrund des hohen Fettgehalts zu den Fetten und Ölen.

Doch der gesundheitliche Wert von Fleisch ist nicht alles. Kaufen Sie möglichst Fleisch aus artgerechter Tierhaltung. Dies ist in der Regel qualitativ besser und unterstützt eine nachhaltige Lebensmittelproduktion (---> Seite 100). Seltener Fleisch zu essen, dafür aber besseres, artgerecht erzeugtes,

passt zu unserer Empfehlung von zwei bis drei Fleischmahl-
zeiten pro Woche. Dabei ist das Fleisch eher als Beilage für
Gemüse und Kartoffeln gedacht, nicht umgekehrt. Unterm
Strich ist eine solche Mahlzeit dann nicht teurer.

Müssen Kinder Fleisch essen?

Eine streng vegane Ernährung, bei der sämtliche tierischen
Lebensmittel fehlen, ist nicht zu empfehlen, weil sie schwere
Entwicklungsstörungen verursachen kann. Kein Problem ist
die vegetarische Ernährung, bei der Milch, Milchprodukte,
Fisch und Eier auf dem Speiseplan stehen. Sie sollten auf
eine eventuelle Unterversorgung mit Eisen achten. Besonders eisenreich sind Vollkorngetreide (Roggen, Hirse, Hafer,
Grünkern) und die Gemüsearten Spinat, Fenchel, Rosenkohl
und Grünkohl. Getreide ist ein guter Fleischersatz. Gerade
die Kombination mit Vitamin-C-haltigem Obst und Gemüse
sorgt dafür, dass das Eisen aus dem Getreide besser aufgenommen und umgesetzt wird. Für Kleinkinder, die möglicherweise weniger Getreidegerichte essen (oder vertragen), kann
ein mäßiger Fleischkonsum bis zu zweimal pro Woche das
Risiko einer Eisen-Unterversorgung ausschalten. Holen Sie
sich Rat bei Ihrem Kinderarzt oder informieren Sie sich bei
einer qualifizierten Ernährungsberatung.

Fisch

Jodlieferant

Fisch, besonders Seefisch, ist reich an Eiweiß und Jod. Kein anderes Lebensmittel liefert solche Mengen an Jod. Je nach Fettgehalt kommen noch fettlösliche Vitamine (A und D) und die wertvollen Omega-3-Fettsäuren hinzu. Außerdem ist Fisch leichter verdaulich als Fleisch. Deshalb sollte einmal pro Woche Seefisch auf dem Speiseplan stehen.

Fettarm ist zum Beispiel Seelachs, fettreich dagegen sind Makrele, Lachs und Hering. Sie enthalten reichlich Omega-3-Fettsäuren, die das Herz-Kreislauf-System schützen.

Fisch wird u. a. frisch oder als Tiefkühlware angeboten. Beim Kauf von Fisch können Sie sich am WWF-Fischratgeber orientieren, www.wwf.de. Er führt die Kategorien die „Gute Wahl", „Zweite Wahl und „Lieber nicht". Wenn Sie diese berücksichtigen, tragen Sie dazu bei, Meere und Fischbestände zu schonen. Außerdem können Sie auf Bio- und Umweltzeichen achten. Bei Zuchtfischen handelt es sich um die Siegel von Bioland, Naturland und ASC (Aquaculture Stewardship Council). Das MSC (Marine Stewardship Council) kennzeichnet Fische und Meeresfrüchte aus umweltverträglicher Fischerei.

? Mein Kind liebt Fischstäbchen – ist das okay?

Entgegen der vielfach existierenden Meinung stecken in den goldbraunen Stäbchen weder Fischabfälle noch minderwertiger Fisch. Fischstäbchen werden meist aus Alaska-Seelachs oder Seelachs hergestellt. Die Panade macht allerdings im Schnitt ein gutes Drittel des Fischstäbchens aus. Sie saugt

sich beim Braten mit Fett voll. Fünf Fischstäbchen aus der
Pfanne bringen im Schnitt 17 Gramm Fett auf den Teller.
Das sind fast 80 Prozent der Fettmenge, die Kinder bei einer
Hauptmahlzeit höchstens essen sollten. Weniger Fett ent-
halten Fischstäbchen, wenn sie im Ofen gebacken werden.
Wenn Sie insgesamt nur wenig Speisen paniert zubereiten
und die Fischstäbchen nur ab und zu und zum Beispiel mit
frischem Kartoffelpüree anbieten, ist das okay.

Eier

Eier sind vor allem aufgrund des Eigelbs ein Nährstoff-
speicher. Neben Fett, Vitamin D und Eisen enthalten sie das
weniger wünschenswerte Cholesterin. Ein bis drei Eier pro
Woche sind ausreichend. Sie können als Eierspeisen, zum
Beispiel Rührei oder Spiegelei, gereicht oder in Speisen wie
Kuchen, Pfannkuchen oder Aufläufen verarbeitet werden.
Rohe Eier in Desserts oder Mayonnaise sind für Kinder nicht
geeignet. Das Risiko einer Salmonelleninfektion ist zu groß.
Verzichten Sie daher auf entsprechende Rezepte mit rohen
Eiern. (⋯⋙ Seite 103 ff., „Die Hygiene: Mahlzeiten sicher zu-
bereiten und genießen").

Speisefette und Speiseöle

Tagesmenge = 1,5 bis 2 Portionen
Maßeinheit = 1 Portion: 1 Esslöffel

Speisefette (Butter, Margarine) und Speiseöle sind wichtig
für die Versorgung mit wichtigen Fettsäuren und Vitaminen.
In erster Linie sind sie aber Energielieferanten. Daher gilt die
Devise: Setzen Sie Speisefette grundsätzlich sparsam ein.

Als Streichfette kommen Butter oder ungehärtete Margarine
infrage. Bei der Fetthärtung gehen wertvolle mehrfach

ungesättigte Fettsäuren verloren. Eine gehärtete Margarine erkennen Sie an einem entsprechenden Hinweis in der Zutatenliste, zum Beispiel „pflanzliche Fette, zum Teil gehärtet".

Zum Kochen und Backen können Sie ebenfalls Butter oder Margarine verwenden. Zum Kurzbraten eignen sich Pflanzenöle, unter anderem Raps- und Olivenöl. Rapsöl ist besonders empfehlenswert, da es ein ausgewogenes Verhältnis wichtiger Fettsäuren aufweist. Ergänzt werden kann mit Soja- und Walnussöl. Je nach Herstellungsverfahren (raffiniert oder kalt gepresst) eignen sich die Öle für die verschiedenen Zubereitungsarten. Kalt gepresste Öle werden hauptsächlich in der kalten Küche für Salate verwendet, raffinierte zum Backen und Braten.

Auch Sahne und Mayonnaise enthalten sehr viel Fett und sollten daher nur zum Verfeinern eingesetzt werden.

Süßigkeiten und Snacks

Tagesmengen = 1 Portion
Maßeinheit = eine Handvoll

Naschen und Schlecken sind erlaubt, in kleinen Mengen und nicht ständig über den Tag verteilt. Einmal am Tag ist eine Portion solcher Extras gestattet. Dazu zählen Kuchen, Süßigkeiten, fettreiches Kleingebäck wie Croissants und salzige Knabbereien wie Chips und Pommes frites, aber auch Süßgetränke wie Limonaden und Cola. Da Süßes eine wichtige Rolle für Kinder spielt, haben wir diesem Thema einen eigenen Platz eingeräumt. Mehr dazu finden Sie ab Seite 77.

Eine schnelle Orientierung ermöglicht Ihnen die folgende Tabelle. Auf einen Blick finden Sie die empfehlenswerten Lebensmittelmengen.

Anhaltswerte für altersgemäße Verzehrmengen

Ab dem Lebensjahr		2–3	4–6	7–9	10–12	13–15 w	m
Gesamtenergie	kcal/Tag	950	1.250	1.600	1.900	1.950	2.400
reichlich							
Getränke	ml/Tag	700	800	900	1.000	1.200	1.300
Gemüse	g/Tag	150	200	220	250	260	300
Obst	g/Tag	150	200	220	250	260	300
Kartoffeln, Nudeln, Reis	g/Tag	120	150	180	220	220	280
Brot, Getreide-(flocken)	g/Tag	120	150	180	220	220	280
mäßig							
Milch(produkte)	ml (g)/Tag	330	350	400	420	425	450
Fleisch, Wurst	g/Tag	35	40	50	60	65	75
Eier	St./Woche	1–2	2	2	2–3	2–3	2–3
Fisch	g/Woche	35	50	75	90	100	100
sparsam							
Öl, Margarine, Butter	g/Tag	20	25	30	35	35	40
Süßwaren, Knabberartikel, gesüßte Getränke	max. kcal/Tag	95	125	160	190	195	240

w = weiblich, m = männlich, St. = Stück
100 ml Milch entsprechen 15 g Schnittkäse oder 30 g Weichkäse
Quelle: In Anlehnung an „Empfehlungen für die Ernährung von Kindern und Jugendlichen", FKE, Dortmund 2010

Essen und Trinken von früh bis spät

Genauso wichtig wie das Was und Wieviel ist beim Essen das Wann, sprich: die Verteilung der Mahlzeiten über den Tag. Der kindliche Stoffwechsel ist in der Regel vormittags am aktivsten und benötigt entsprechende Unterstützung durch die Nahrung. Die Faustregel für die Verteilung lautet: ein Drittel am Morgen und am Vormittag, ein Drittel mittags, der Rest am Nachmittag und Abend. Dies entspricht fünf Mahlzeiten.

Die individuellen Unterschiede werden schon beim Frühstück deutlich: Frühaufsteher sind schon morgens voller Elan und hungrig, Langschläfern ist es noch viel zu früh für ein Frühstück. Für die meisten Kinder beginnt der Unterricht allerdings schon gegen 8 Uhr.

Tipp: Besonders Kinder profitieren von der Verteilung der Mahlzeiten auf den ganzen Tag. Planen Sie daher Zwischenmahlzeiten ein.

Die einzelnen Mahlzeiten beeinflussen durchaus die Konzentration und Leistungsfähigkeit von Kindern und Erwachsenen. Ein Müsli zum Frühstück oder ein Vollkornbrot mit Käse, dazu etwas Obst oder Gemüse als Pausenverpflegung können Aufmerksamkeit, Erinnerungs- und Reaktionsvermögen sowie Konzentration kurzfristig steigern. Grundsätzlich gilt: Mehrere kleine Mahlzeiten über den Tag verteilt belasten die Verdauung nicht so sehr, der Körper wird gleichmäßig mit Nährstoffen versorgt und verbrauchte Energie zügig ersetzt, die Leistungsfähigkeit ist beständiger.

Essen und Trinken mit Genuss

Essen und Trinken heißt weitaus mehr, als Körper und Geist „Treibstoff" für ein gutes Funktionieren und In-Gang-Halten zuzuführen. Beides dient auch dem seelischen Wohlbefinden, wenn es schmeckt und in angenehmer Atmosphäre gegessen und getrunken wird. Die Mahlzeiten tragen dazu bei, dass die Familie zusammenkommt, an einem Tisch sitzt, sich unterhält, das Beisammensein und das Essen genießt. Diese „Nebenwirkungen" sind für die Entwicklung des Kindes und für seine Gesundheit sehr wichtig und sollten nicht unterschätzt werden. Aus organisatorischen Gründen, zum Beispiel wegen Schule und Berufstätigkeit, ist es oftmals nicht möglich, mehrere Mahlzeiten gemeinsam einzunehmen. Gut ist es auf jeden Fall, wenn Sie sich in der Familie auf eine gemeinsame Mahlzeit einigen.

Kinder essen, was appetitlich und lecker aussieht. Eine farbenfrohe Zusammenstellung der Mahlzeiten mit bunten Früchten und Gemüsearten ist wichtig. Kindern gefallen kleine, lustige Dinge, etwa kleine Kartoffeln, kleine Gemüsestückchen, Sternchen- oder Schraubennudeln. Ebenso gut kommt eine nette Dekoration mit Kräutern, Obst- und Gemüsestückchen auf „eintönigen" Speisen wie Suppen, Eintöpfen oder Soßen an. Und über den Tellerrand hinaus können nettes Geschirr, Sets, lustiger Tischschmuck und Blumen die Lust aufs Essen fördern.

? Mein Kind mag nicht essen. Was kann ich tun?

Beobachten Sie Ihr Kind und registrieren Sie, wann und wie viel es isst – bei den Mahlzeiten und zwischendurch – und ob es sich vielleicht zu wenig bewegt. Sprechen Sie mit ihm darüber, was es gar nicht oder anders lieber mag. Wenn Ihr Kind allerdings zusätzlich unkonzentriert ist oder abgemagert, sollten Sie sich an Ihren Kinderarzt wenden.

Essen und Trinken lernen

Beim Essen kann auch die Selbstständigkeit der Kinder gefördert werden. Ihr natürlicher Drang, Erwachsene nachzuahmen, ist hier ausdrücklich erwünscht. Lassen Sie Ihr Kind selbst Kartoffeln, Gemüse oder Soße nehmen, umrühren, Kartoffeln zerdrücken oder das Brot schmieren. Bereits kleine Kinder – natürlich mit liebevoller und geduldiger Unterstützung der Eltern und Geschwister – lernen, sich selbst zu bedienen.

Mit der Zeit kann das Kind auch am „Drumherum des Essens" beteiligt werden – zum Beispiel an der Zubereitung, beim Tischdecken oder beim Einkauf. Hat man einen eigenen Garten oder Balkon, helfen Kinder auch gerne beim Säen, Pflanzen oder Ernten. Entsprechende Angebote des Kindes sollten nicht ausgeschlagen werden. Der „Mehraufwand" für Sie zahlt sich später durch eine größere Selbstständigkeit Ihres Kindes aus.

Die Mahlzeiten

Betrachten Sie gemeinsame Mahlzeiten als gute Gelegenheit für das Gespräch und den Austausch in der Familie. Sie fördern die Esskultur und das soziale Miteinander. Selbst die schmackhafteste und gesündeste Speise kann nur mit Genuss gegessen werden, wenn die Atmosphäre stimmt. Daher sollten Gespräche über schwierige Themen, die öfter zu Streit führen, besser erst nach dem Essen geführt werden. Ein ansprechend gedeckter Tisch, ausreichend Zeit und Platz sowie das Einhalten bestimmter Essregeln machen Ihre gemeinsamen Mahlzeiten zu einem schönen Erlebnis, bei dem alle gerne dabei sind.

Tipp: Entwickeln Sie für Ihre Situation passende Rituale für die Mahlzeiten, z. B. einen Reim zum Beginn oder einander die Hände reichen und einen guten Appetit wünschen.

Zu Hause das erste Frühstück

In vielen Familien ist das Frühstück ein „Stiefkind". Häufig wird morgens auf die Schnelle gefrühstückt. Manche essen gar nichts, weil sie nicht mögen oder zu spät aufgestanden sind. Die Kinder übernehmen oft das Verhalten ihrer Eltern und verlassen das Haus, ohne etwas gegessen und ein Pausenbrot für die Schule mitgenommen zu haben. Oder es kommen nur süße Frühstücksprodukte wie Cornflakes, Weizenpops & Co. auf den Tisch (⸱⸱⸱⸳ Seite 89 ff., „Brauchen Kinder eine Extrawurst?").

Geeignete Lebensmittel für das erste Frühstück:
- Brot, Brötchen, Knäckebrot aus Vollkorn,
- Butter oder Margarine,
- Belag wie Quark, Käse, Aufschnitt oder auch Konfitüre,
- Müsli (Rezept ⸱⸱⸱⸳ Seite 129 ff.),
- Joghurt, Quark, Dickmilch, Milch oder Kakao,
- Obst, zum Beispiel Apfel, Banane, Birne, Mandarine,
- Gemüserohkost,
- Getränke wie Früchte- und Kräutertee, verdünnte Obst- und Gemüsesäfte, Trink- oder Mineralwasser.

Das ideale Frühstück besteht aus Vollkorngetreide, frischem Obst und Milchprodukten. Aus dieser Dreierkombination lassen sich so leckere Sachen zubereiten, dass selbst ein Frühstücksmuffel zum Frühstücksfan werden kann.

Rechtzeitiges Schlafengehen am Abend und pünktliches Aufstehen sind wichtige Voraussetzungen, um in Ruhe frühstücken zu können. Allein frühstücken macht bedeutend weniger Spaß. Kann die Familie nicht gemeinsam frühstücken, sollte zumindest ein Familienmitglied dem Kind Gesellschaft leisten. Am Wochenende kann es dann ein ausgiebiges gemeinsames Frühstück geben, für das man sich besonders viel Zeit lässt.

Ein abwechslungsreiches Frühstück und ein schön gedeckter Tisch regen den Appetit an. Das Mithelfen beim Tischdecken oder Müslizubereiten fördert zusätzlich Spaß und Freude am Frühstück. Viele Studien deuten darauf hin, dass Kinder, die frühstücken, in den Morgenstunden leistungsfähiger und reaktionsschneller sind und nicht so schnell ermüden.

Wie wichtig ist das Frühstück?

Sehr wichtig, denn durch die Nachtpause sind die Kohlenhydratspeicher der Leber ganz oder größtenteils erschöpft. Die Gehirnzellen sind jedoch auf eine konstante Blutzuckerkonzentration angewiesen. Das erste Frühstück zu Hause und das zweite im Kindergarten oder in der Schule füllen diese „Löcher" wieder auf. Wenn Ihr Kind gleich nach dem Aufstehen kein üppiges Frühstück oder Müsli mag, sollte das Pausenbrot für Ausgleich sorgen und etwas gehaltvoller ausfallen. Achten Sie darauf, dass Ihr Kind nicht ganz ohne Frühstück aus dem Haus geht. Eine Kleinigkeit kann immer gegessen werden, zum Beispiel ein kleines Brot mit Quark oder Käse, ein Stück Obst, eine Tasse Milch oder Kakao.

Was ist gesund an Nuss-Nougat-Creme?

Nichts! Nuss-Nougat-Creme enthält viel Zucker und Fett und nur wenig Eiweiß und Vitamine. Deshalb ist sie kein wertvolles Lebensmittel und sollte nur ab und zu aufs Butterbrot kommen. Gesunde Kompromisse sind zum Beispiel Konfitüre auf dem Quarkbrot, Weintrauben oder Apfelscheiben zum Käsebrot. Das Rezept für eine selbst hergestellte Nuss-Nougatcreme finden Sie auf Seite 128.

Das zweite Frühstück in Kindergarten oder Schule

Energie bis zum Mittag – Pausenfrühstück

Die Zeit bis zum Mittagessen – egal ob in der Kita oder in der Schule – ist lang und für ein Kind ohne Zwischenmahlzeit oft schwer zu schaffen. Um konzentriert und körperlich aktiv sein zu können, brauchen Kinder Kohlenhydrate.

Je kleiner das erste Frühstück war, desto größer sollte das Pausenfrühstück ausfallen. Auch diese Mahlzeit sollte appetitlich zubereitet und entsprechend verpackt sein. Beim Öffnen der Brotbox sollte alles noch ansprechend aussehen. Verwenden Sie zum Beispiel eine Brotbox mit einer Einteilung in Fächer, damit Gemüse oder Obst nicht zwischen dem Frischkäsebrot kleben und der Inhalt dann in den Mülleimer wandert.

Geeignete Lebensmittel für das Pausenbrot:
- Vollkornbrot oder Vollkornbrötchen
- Butter, Margarine, Tomatenmark oder Frischkäse (dünn bestreichen)
- Belag wie Käse und Aufschnitt
- Gemüsestücke von Möhren, Tomaten, Paprika, Radieschen, Gurken
- Obst wie Apfel, Birne, Apfelsine, Mandarine, Banane, Weintrauben
- Joghurt- und Quarkspeisen, Milch oder Kakao
- Getränke wie Trink- oder Mineralwasser, Früchte- oder Kräutertee, verdünnte Obst- und Gemüsesäfte.

Tipp: Schauen Sie sich bei der Auswahl der Kita oder Schule auch die Verpflegung an. Checklisten dazu finden Sie auf Seite 72 f.

Geeignete Verpackungen für das Pausenbrot und die Getränke sind Frühstücksdosen, Flaschen oder Becher aus Kunststoff, die man gut verschließen und wiederverwenden kann.

Kindergartenkinder haben in der Regel noch nicht die Möglichkeit, sich selbst etwas zu kaufen. Hier haben Sie als Eltern noch den größten Einfluss auf die Auswahl des Pausenfrühstücks. Bei Schulkindern sieht es dann schon

anders aus. Nur im Notfall sollten Sie Ihrem Kind Geld mit-
geben, damit es sich selbst etwas kaufen kann. Besprechen
Sie, was ein sinnvoller Snack vom Bäcker oder Kiosk sein
kann.

Das Mittagessen

Kinder, die in der Einrichtung oder Schule nicht zu Mittag
essen, kommen oft mit einem Bärenhunger nach Hause. Ein
warmes und abwechslungsreiches Mittagessen, das nach
einer kleinen Entspannungspause mit der Familie eingenommen wird, wäre dann optimal. Oft passt es aber auch nicht
in den Rhythmus der Familie und die große warme Mahlzeit
wird auf den Abend verlegt, was kein Problem ist. Wenn man
häufiger kleine Portionen von Mahlzeiten einfriert, lassen
sich diese für solche Gelegenheiten aufwärmen. Alternativ
kann auch eine kleine Mahlzeit wie Milchreis, eine Quarkspeise mit Obst oder Getreidebratlinge mit etwas Rohkost
und Dip als Ersatz für das Mittagessen dienen.

Ein vollwertiges Mittagessen besteht aus:
- täglich Kartoffeln, Nudeln, Getreide oder Hülsenfrüchten,
- täglich Gemüse oder Salat,
- Fleisch (2–3-mal pro Woche) oder Fisch (1-mal pro Woche)
  oder Eiern (1 bis 3 Stück pro Woche),
- Fett für die Zubereitung,
- Getränken wie Trink- oder Mineralwasser, verdünnten
  Fruchtsäften (1 Teil Saft und 3 Teile Wasser).

Fleisch ist somit nicht täglich auf dem Speiseplan. Die vegetarischen Hauptgerichte werden auf der Basis von Getreide,
wie zum Beispiel Reis, Nudeln oder Couscous, Hülsenfrüchten und Kartoffeln zubereitet. Im Rezeptteil finden Sie viele
Vorschläge. Hin und wieder kann es auch einmal ein süßes
Hauptgericht sein, zu dem Sie als Vorspeise eine Gemüserohkost reichen.

Kinder freuen sich immer über einen Nachtisch. Gibt es ein- bis zweimal pro Woche ein Dessert, erhöht die Erwartung die Vorfreude auf das Mittagessen. Grundsätzlich sollen sich Kinder aber am herzhaften Mittagessen satt essen. Wichtig ist, dem Kind zum Essen auch ein Getränk anzubieten.

An warmen Sommertagen oder wenn der Hunger mal nicht so groß ist, können Speisen aus Obst und Milchprodukten das Mittagessen ersetzen.

❓ Sollten Kinder täglich etwas Warmes essen?

Nach Möglichkeit ja. Denn der Speisezettel wird automatisch abwechslungsreicher, wenn gekocht wird. Außerdem müssen viele nährstoffreiche Lebensmittel gegart werden, wie Reis oder Hülsenfrüchte, oder sind gegart verdaulicher, wie Kartoffeln. Die warme Mahlzeit muss aber nicht unbedingt die Mittagsmahlzeit sein. Sie kann auf den Abend verlegt werden, wenn Sie zum Beispiel berufstätig sind oder die Kinder zu unterschiedlichen Zeiten aus der Schule kommen.

So kann ein Wochenspeiseplan für die warme Mahlzeit aussehen

Wochentag	Menü	
Montag	Grünkernbraten mit Tomatensoße Brokkoli Pellkartoffeln	----> Seite 171
Dienstag	Gulasch mit Gemüse Naturreis Tomatensalat	----> Seite 202
Mittwoch	Eintopf mit Hülsenfrüchten Weizenbrötchen	----> Seite 172 ----> Seite 117
Donnerstag	Nudelauflauf mit Gemüse Möhren-Apfel-Rohkost	----> Seite 161 ----> Seite 136
Freitag	Schlemmerfilet Backofenkartoffeln Kopfsalat	----> Seite 199 ----> Seite 178
Samstag	Gemüserisotto Eisbergsalat Vanillequark mit Kirschen	----> Seite 167
Sonntag	Geflügel-Champignonpfanne Vollkornnudeln Gurkensalat	----> Seite 200

Sind **Fertiggerichte** für Kinder geeignet?

Für viele gehören Fertiggerichte in der eigenen Küche dazu.
Andere versuchen ganz gezielt auf diese zu verzichten.
Komplette Fertiggerichte haben in einer ausgewogenen
Kinderernährung eigentlich nichts zu suchen. Dennoch wird
wohl kaum ein Kind aufwachsen, ohne eine Pizza aus dem
Tiefkühlschrank probiert zu haben. Doch neben diesen klas-
sischen Gerichten haben auch etliche andere Fertigprodukte
Einzug in die Küche gehalten: Fertige Saucen im Glas oder

aus der Tüte, Würzmischungen und auch Salatdressings zum Anrühren erleichtern scheinbar das Kochen zu Hause. Kritisch ist der häufig hohe Salzgehalt bei den Produkten: So enthält eine viertel Pizza Salami bereits mehr als die Hälfte des Tagesbedarfs von zwei- bis dreijährigen Kindern. Würzmischungen können Sie sehr einfach durch ein paar Gewürze wie Pfeffer, Paprika, Salz, getrocknete Kräuter, etwas Tomatenmark oder Stärke komplett ersetzen und haben so Spielraum für eigene Kreationen oder Geschmacksnoten. Sollten Sie zu Fertiggerichten greifen, achten Sie auf den angegebenen Salzgehalt. Richten Sie die Speisen mit anderen frischen Zutaten an, zum Beispiel einem Salat oder Rohkost und versuchen Sie, Fertiggerichte nur ausnahmsweise zu servieren.

? Vitamintabletten – eine Garantie für bessere Schulnoten?

Vitamintabletten verbessern leider keine Schulnoten! Auch wenn uns die Werbung das gerne glauben macht. Die angebotenen Brausetabletten, manchmal auch in Bärchenform, orientieren sich selten an den Problemnährstoffen und ersetzen nicht die bärenstarke Kinderkost, die wir Ihnen in diesem Buch vorstellen. In Deutschland leidet kein halbwegs normal essendes Kind an einem Vitamin-C- oder Vitamin-B-Mangel, und doch werden diese Vitamine besonders häufig angeboten. Kinder, die in der Schule fit sein wollen, brauchen ausreichend Schlaf, Bewegung, vollwertiges Essen und Trinken nach der Ernährungspyramide. Das reicht in der Regel vollkommen aus.

Welche **Gewürze** kann man auch schon für **Kleinkinder** verwenden?

Ab dem zweiten Lebensjahr können alle Gewürze wie Salz, Pfeffer, Paprika, Muskatnuss etc. ohne Einschränkung schrittweise eingeführt werden. Auch Kräuter aller Art sind zum Würzen geeignet. Besonders scharfe Gewürze sollten Sie sehr vorsichtig verwenden, da Kinder ein intensiveres Geschmacksempfinden haben als Erwachsene. Probieren Sie aus, was dem Kind schmeckt, und passen Sie die Gewürze entsprechend an.

Dürfen Kinder beim Essen auch trinken?

Ja, und Erwachsene auch. Trinken zu den Mahlzeiten fördert eine regelmäßige und gesicherte Flüssigkeitszufuhr. Deshalb sollte zu jeder Mahlzeit auch ein Getränk gereicht werden. Wichtig ist aber, geeignete Getränke wie zum Beispiel Wasser auszuwählen (→Seite 35 ff.).

Sind Lebensmittel mit Alkohol für Kinder schädlich?

Auf Dauer ja! Gegen Alkohol im Essen sprechen zwei wichtige Gründe: Kinder reagieren wegen ihres geringeren Körpergewichts wesentlich stärker als Erwachsene auf Alkohol und ihre Leber muss sehr viel mehr „Verdauungsarbeit" leisten. Außerdem können sich Kinder, auch wenn sich der Alkohol zum Teil beim Kochen, Braten oder Backen verflüchtigt, an den Geschmack gewöhnen und später unter Umständen eine ungünstige Vorliebe für Alkohol entwickeln.

Die Zwischenmahlzeit am Nachmittag

Die Zwischenmahlzeit am Nachmittag hat die gleiche Bedeutung wie das zweite Frühstück oder das Pausenbrot. Einen Konzentrations- und Leistungsabfall bei den Hausaufgaben, bei diversen Hobbys oder Spiel und Sport kann man damit vermeiden. Wenn man am Nachmittag gern die erlaubte Portion Süßes einplant, sollte dies vielleicht mit dem Verzehr eines kleinen Snacks vorweg verbunden werden. Das kann ein Knäckebrot mit Butter, Gurke und etwas Kräutersalz oder auch mit Quark oder Frischkäse sein. Dann freuen sich die Kinder auch besonders auf die Leckerei danach. Süßes allein ist als Zwischenmahlzeit am Nachmittag nicht geeignet.

Die ideale Zwischenmahlzeit am Nachmittag besteht aus:
- Milch und Milchprodukten,
- Vollkornbrot/-knäcke, Vollkorngebäck,
- Obst oder Gemüserohkost,
- Getränken.

Vorschläge für die Zwischenmahlzeit am Nachmittag:
- Bunter Obstteller oder Rohkostteller,
- Joghurt- oder Quarkspeise mit frischem Obst der Jahreszeit,

- Nüsse und Trockenfrüchte, wie Studentenfutter zusammen-gestellt,
- Vollkornkuchen oder Vollkorngebäck,
- Vollkornknäcke oder -zwieback mit Kräuterquark, Käse oder einem süßen Brotaufstrich, zum Beispiel Honig, Konfitüre,
- Getränke wie Trink- oder Mineralwasser, Kräuter- oder Früchtetee, verdünnte Fruchtsäfte, Gemüsesaft.

Das Abendessen

Ob kalt oder warm – das Abendessen sollte nicht zu spät eingenommen werden und leicht verdaulich sein, damit man nicht mit vollem Magen ins Bett geht. Der Begriff „Abend-brot" muss nicht wörtlich genommen werden. Immer nur be-legte Brote am Abend – das wird bald langweilig. Ein kleiner Salat oder Rohkostteller, Dips, Getreidebratlinge oder auch mal ein Vollkornpfannkuchen sorgen für Abwechslung.

Tipp: Zahlreiche Anregungen für alle Mahl-zeiten finden Sie im Rezeptteil ab Seite 113.

Ein ideales Abendessen besteht aus:
- Milch und Milchprodukten,
- Gemüse(-rohkost),
- Vollkornbrot oder Getreidezubereitungen,
- Belag wie Käse oder Wurst,
- Butter oder Margarine,
- Getränken.

Vorschläge für ein Abendessen:
- Vollkornbrot mit Frischkäse oder Kräuterquark, dazu zum Beispiel Tomaten, Gurken, Kohlrabisticks,
- Vollkornbrot mit Käse, dazu ein Rohkostsalat,
- Knusperwaffeln mit Gurken-Kräutersoße,
- Grünkernbraten mit Tomatensoße,
- Getränke wie Trink- oder Mineralwasser, Kräuter- oder Früchtetee, verdünnte Fruchtsäfte (1 Teil Saft und 3 Teile Wasser).

Sollte sich vor dem Schlafengehen noch einmal der
Hunger bemerkbar machen, hilft ein Stück rohes Gemüse
oder Knäckebrot als Betthupferl.

Mahlzeit	1. Tag	2. Tag	3. Tag
Frühstück	Müsli* mit Joghurt, frischem Obst und Nüssen Kräutertee	Blitzbrot* mit Quark und Konfitüre Früchtetee	Knuspermüsli* Joghurt Obst Früchtetee
2. Frühstück/ Pausenfrühstück	Blitzbrot* mit Butter und Käse Kohlrabischeiben Schulmilch Trink- oder Mineralwasser	Weizenbrötchen* mit Butter und Schinken Tomaten- und Gurkenscheiben Apfelschorle	Schwarzbrot*, zum Beispiel Blitzbrot* Frischkäse 1 Mandarine Schulmilch Trink- oder Mineralwasser
Mittagessen	Grundrezept Nudelauflauf * Trink- oder Mineralwasser	Möhren-Apfel-Rohkost* Grünkernbraten mit Tomatensoße Trink- oder Mineralwasser	Kartoffel-Gemüsepuffer* Rohkostplatte Trink- oder Mineralwasser
Zwischenmahlzeit	Knäckebrot mit Konfitüre Orangensaft-schorle	Obstkuchen* 1 Glas Milch	Rosinenbrötchen* mit Butter Apfelsaftschorle
Abendessen	Blitzbrot* mit Kräuterquark Möhren, Gurke, Paprika Früchtetee	Zaziki* Pellkartoffeln Salat Kräutertee	Möhren-Kräuter-Tarte* Radieschen Kräuterquark Früchtetee

* Die Rezepte dazu finden Sie im Rezeptteil (→ Seite 113 ff.)

Die Mahlzeiten auf einen Blick

Auf der linken Seite finden Sie drei Beispiele für die vollwertige Ausrichtung der Mahlzeiten für eine Familie über jeweils einen ganzen Tag hinweg. Die Vorschläge für das Mittag- und das Abendessen können Sie nach Belieben tauschen.

Mahlzeiten in Kita und Schule

Immer mehr Kinder verbringen viele Stunden des Tages in Kindertageseinrichtungen und in Ganztagsschulen. Gemeinsam nehmen sie dort das Pausenfrühstück, das Mittagessen und auch die Zwischenmahlzeit am Nachmittag ein. Gleichzeitig lernen und erleben die Kinder Esskultur, Tischsitten und Rücksichtnahme und haben die Chance, ihnen unbekannte neue Lebensmittel kennenzulernen. Neuartige Geschmackserlebnisse werden vermittelt. Wenn die Kinder dort leckere und gesunde Mahlzeiten erhalten und in angenehmer Atmosphäre essen können, leisten diese Einrichtungen einen wichtigen Beitrag zur Entwicklung eines gesundheitsfördernden Essverhaltens.

Die nachfolgenden Checklisten zur Verpflegung in Ihrer Kita oder Schule helfen Ihnen, die Qualität und die Bedeutung des Essens in der Einrichtung einzuschätzen.

Checkliste: Wie klappt's in der Kita mit dem Essen?

		Trifft zu	Trifft nicht zu
1	Das Essen schmeckt meinem Kind.	☐	☐
2	Vollkornprodukte werden angeboten.	☐	☐
3	Täglich stehen Gemüse oder Rohkost auf dem Speiseplan.	☐	☐
4	Die Kinder essen in einem separaten, freundlich gestalteten Speiseraum.	☐	☐
5	Die Erzieherinnen begleiten die Mahlzeiten und essen selbst mit.	☐	☐
6	Frittiertes oder Paniertes gibt es max. 1 x wöchentlich	☐	☐
7	Fleischgerichte gibt es max. 2 x wöchentlich.	☐	☐
8	Der Speiseplan hängt für Eltern sichtbar aus.	☐	☐
9	Das Essen ist seinen Preis wert.	☐	☐
10	In der Kita gibt es eine geschulte Erzieherin, die sich um die Verpflegung kümmert.	☐	☐
11	Die Kita informiert Eltern zum Ernährungskonzept und zum Umgang mit Süßigkeiten.	☐	☐

Haben Sie öfter die Spalte „Trifft nicht zu" angekreuzt, gibt es in der Kita Ihres Kindes einiges zu verbessern.

Checkliste: Wie klappt's in der Schule mit dem Essen?

		Trifft zu	Trifft nicht zu
1	Mein Kind geht regelmäßig in die Mensa.	☐	☐
2	Das Essen schmeckt meinem Kind.	☐	☐
3	Das Mahlzeitenangebot berücksichtigt die Wünsche der Schüler.	☐	☐
4	Die Schüler essen in einem separaten, freundlich gestalteten Speiseraum.	☐	☐
5	Das Bestell- und Abrechnungssystem ist schülergerecht.	☐	☐
6	Die Wartezeiten bei der Essensausgabe sind kurz.	☐	☐
7	Das Essen ist seinen Preis wert.	☐	☐
8	Der Speiseplan hängt aus bzw. ist im Internet einsehbar.	☐	☐
9	Eltern sind an der Ausgestaltung des Speisenangebots beteiligt.	☐	☐
10	In der Schule gibt es einen Ansprechpartner für die Verpflegung.	☐	☐
11	Essen und Trinken ist Thema im Unterricht und in Projekten.	☐	☐

Haben Sie häufiger die Spalte „Trifft nicht zu" angekreuzt, gibt es in der Schule Ihres Kindes einiges zu verbessern.

Wie Sie aktiv werden können:

- Machen Sie Ernährung zum Thema von Elternversammlungen.
- Nutzen Sie die Elternvertretungen (Elternrat und Schulpflegschaft) für Ihr Anliegen.
- Tragen Sie Ihre Wünsche den Trägern von Kita und Schule vor.
- Organisieren Sie „Ernährungsaktionen" in Kita und Schule, zum Beispiel ein Frühstücksbüfett, Kochen mit den Eltern, Informationsveranstaltungen mit Ernährungsfachkräften.
- Regen Sie eine Positivliste mit Lebensmitteln und Getränken an, die die Kinder mitbekommen, zum Beispiel frisches Obst, Gemüsesticks, Brot, Apfelschorle.

Solange die Verpflegung nicht optimal ist, sollten Sie zu Hause für einen Ausgleich sorgen.

- Ergänzen Sie mit Obst und Gemüserohkost sowie Milchprodukten.
- Bieten Sie Brot, Nudeln und Reis in der Vollkornvariante an.
- Reduzieren Sie Fleisch und Wurst bei den Mahlzeiten.
- Verwenden Sie Fett für die Zubereitung sparsam.

Weitere Informationen und Beratungsangebote finden Sie unter:

- www.kitaverpflegung.nrw.de
- www.schulverpflegung.nrw.de

Was ist mit dem Essen in Kita oder Schule, wenn mein Kind **eine Allergie** hat?

Wurde vom Kinderarzt eine Allergie festgestellt, sollten Sie in der Kita oder Schule eine entsprechende Bescheinigung vorlegen. Je nachdem, um welche Allergie es sich handelt, kann die Einrichtung bei der Speiseplanung darauf Rücksicht nehmen oder Sie können vereinbaren, dass ein mitgebrachtes Gericht aufgewärmt wird. Wichtig ist, dass für die Kita oder die Schule eine Auflistung der zu meidenden Lebensmittel oder auch zu Ersatzlebensmitteln erstellt wird. Hinweise zu Erstmaßnahmen im Notfall und die Telefonnummer einer Ansprechperson sollten ebenfalls mitgeteilt werden.

Informationen und Hilfestellung zum Thema Allergie finden Sie unter:
www.daab.de
www.was-wir-essen.de

Süß – ein besonderer Geschmack!

Die Vorliebe für den süßen Geschmack ist uns Menschen angeboren. Auch Muttermilch ist von Natur aus leicht süß. In den Zeiten, als wir unsere Nahrung noch nicht im Supermarkt eingekauft, sondern von Feld und Strauch gesammelt haben, signalisierte die Geschmacksrichtung „süß", dass ein Nahrungsmittel verträglich und ungiftig ist. Im Gegensatz dazu galt die bittere Geschmacksnote als Warnung.

Unser heutiger Lebensstil erfordert eine deratige Unterscheidung von giftiger und ungiftiger Nahrung mithilfe der Geschmacksknospen auf unserer Zunge nicht mehr. Vielmeh können wir unseren Vorlieben nachgehen und entscheiden uns dann oft für die süße Geschmacksrichtung. Leider ist damit häufig ein hoher Energiegehalt verbunden, der dann, in Verbindung mit wenig Bewegung im Alltag, zu Übergewicht und allen damit verbundene Nachteilen führen kann. Der Verbrauch von Zucker lag 2012 bei etwa 35 kg pro Kopf, das entspricht immerhin 100 g Zucker pro Person und Tag mit einem Energiegehalt von etwa 400 kcal, also bereits 20 Prozent des durchschnittlichen täglichen Energiebedarfs. Nicht mitgerechnet sind dabei alle anderen Zuckerarten wie zum Beispiel Glukose, Ahornsirup oder auch Honig, die in vielen Produkten verarbeitet werden.

Tipp: Wichtige Informationen rund ums Thema liefert der Ratgeber „Achtung, Zucker!" (→hintere Umschlaginnenseite).

Reizschwelle für Süßes

Jeder entwickelt seine eigene Reizschwelle, ab der man etwas als süß empfindet. Bereits im Mutterleib lernt das ungeborene Kind verschiedene Aromen und Geschmacksrichtungen kennen, die von der Mutter weitergereicht werden. Später erfährt es die Vielfalt mit der Muttermilch oder Säuglingsnahrung und entwickelt erste Vorlieben.

Schon im Säuglings- und Kleinkindalter sollte man daher auf ungesüßte oder wenig süße Zubereitung Wert legen und auf süße Milchnahrung und Trinkbrei verzichten, da die Vorliebe für den süßen Geschmack sonst noch verstärkt wird. Süße Getränke wie Limonaden, aber auch Obstsäfte sind wegen ihres hohen Zuckergehalts nicht als Durstlöscher oder für zwischendurch geeignet, denn auch sie halten die Reizschwelle für „süß" hoch. Die Folge: Weniger süße Lebensmittel werden nicht mehr gemocht.

Wie viel **Süßes** ist erlaubt?

Für Eltern ist es manchmal schwer, eine gute Balance im Umgang mit Süßigkeiten für die Kinder zu finden. Es soll keine Belohnung und kein Trostpflaster sein und doch scheint es oft einfacher, etwas Süßes zu versprechen, anstatt Tränen kullern zu sehen. Zu bedenken ist allerdings, dass Süßes wie zum Beispiel Schokolade generell zu den energiereichen Lebensmitteln gehört und außer Zucker oft auch größere Mengen Fett enthält. Die Weltgesundheitsorganisation empfiehlt, nicht mehr als 10 Prozent des täglichen Energiebedarfs in Form von Zucker zu sich zu nehmen. Das wären bei Kindern zwischen 4 und 14 Jahren also etwa 125 bis 240 kcal pro Tag (Angaben zum Energiegehalt verschiedener Süßigkeiten finden Sie in der Tabelle auf Seite 82). Für die Entstehung von Übergewicht bei Kindern spielt neben der körperlichen Bewegung auch der Konsum von Softdrinks wie Limonaden oder Eistee eine große Rolle.

Süße Getränke

Nach wissenschaftlichen Erkenntnissen spielen gesüßte Getränke eine große Rolle für die Entwicklung von Übergewicht bei Kindern und Jugendlichen. Weltweit sind der Verkauf und Konsum von Softdrinks angestiegen, besonders bei Jugendlichen zwischen 11 und 13 Jahren sind sie sehr beliebt. Jungen trinken deutlich mehr Softdrinks als Mädchen (HBSC Studie 2009/10, Faktenblatt zur Studie: Konsum von Softdrinks bei Kindern und Jugendlichen).

Braucht der Körper Süßes?

Grundsätzlich brauchen weder Kinder noch Erwachsene Zucker. Den Zucker, den Körperzellen und Gehirn zur Energiegewinnung und für Abläufe im Stoffwechsel benötigen, produziert der Körper selbst, indem er Kohlenhydrate abbaut, die als Stärke in Vollkornprodukten, Kartoffeln, Hülsenfrüchten, Gemüse und als Fruchtzucker im Obst enthalten sind. Die Verdauung dieser Lebensmittel erfolgt langsam, sodass der Zucker nach und nach an das Blut abgegeben wird. Das Hormon Insulin sorgt dann wiederum für den weiteren Transport in die Körperzellen. Je mehr Zucker ins Blut gelangt, umso mehr Insulin wird benötigt und vom Körper produziert. Der Blutzuckerspiegel fällt anschließend wieder rasch und es entsteht schnell erneut ein Hungergefühl. Langfristig wird der Insulinstoffwechsel gestört.

Zucker und Karies

Karies entsteht durch ein Zusammenspiel verschiedener Faktoren. Eine schlechte Zahnpflege, häufiger Verzehr von zuckerhaltigen Lebensmitteln wie Süßigkeiten, süße Limonaden oder Saft, aber auch individuelle Voraussetzungen wie Zusammensetzung und Menge des eigenen Speichels spielen dabei eine Rolle. Das Risiko für Karies ist sehr viel geringer, wenn man süße Lebensmittel weitgehend meidet und die Zähne regelmäßig 2-mal täglich putzt. Jedoch soll die Reinigung mit der Zahnbürste nicht kurz nach dem Essen, sondern erst 30 Minuten später vorgenommen werden, damit der aufgeweichte Zahnschmelz beim Putzen mit der Bürste nicht leidet. Wegen der Fluoridgabe bei Kleinkindern oder der Nutzung von entsprechenden Zahncremes wenden Sie sich an Ihren Kinderarzt oder Ihren Zahnarzt.

Wo Zucker überall drinsteckt

Der gebräuchlichste Zucker bei uns ist Haushaltszucker, auch Saccharose genannt. Er wird fast ausschließlich aus Zuckerrüben gewonnen. Zucker enthält keine Vitamine, keine Ballaststoffe und nur Spuren an Mineralstoffen, aber ca. 400 kcal pro 100 g. Daher stammt der Ausdruck, Zucker enthalte „leere Kalorien".

Der größte Anteil des von uns verzehrten Zuckers versteckt sich in Lebensmitteln wie Getränken, Kuchen und Keksen, Süßigkeiten, Frühstückscerealien und Milchprodukten. Bekommen Sie Lust aufs Rechnen, wo Sie und Ihre Kinder mengenmäßig liegen? An der Zutatenliste können Sie sehen, ob nur Haushaltszucker (Saccharose) oder auch andere Zuckerarten im Produkt enthalten sind. Die verschiedenen Zuckerarten sind dort in absteigender Reihenfolge aufgeführt, das heißt, die Zutat mit dem größten Gewichtsanteil steht an erster Stelle.

Zuckerarten, die man in der Zutatenliste finden kann:

Glukose   = Traubenzucker, Dextrose, in Obst
Galaktose   = Schleimzucker, in Milch und Milchprodukten
Fruktose   = Fruchtzucker, in Obst
Xylose   = Holzzucker, in Baumrinde und Holz
Saccharose = Glukose + Fruktose, Haushaltszucker
Laktose   = Glukose + Galaktose, Milchzucker
Maltose   = Glukose + Glukose, Malzzucker, in Getreide
Trehalose   = Glukose + Glukose, in Pflanzen und Pilzen
Isomaltose = Glukose + Fruktose, in Honig und Zuckerrohr

Wenn Zucker weit hinten in der Zutatenliste steht, kann man dann von einem geringen Zuckergehalt ausgehen? ?

Leider nein! Durch die Verwendung von verschiedenen Zuckerarten kann der Gehalt trotzdem hoch sein. Viele Zuckerarten haben Namen, bei denen Sie keinen Zucker vermuten würden, wie zum Beispiel Maltose oder Laktose. Sind auf dem Produkt sogenannte Nährwertangaben gemacht, das heißt Informationen zu Nährwerten pro 100 g oder auch pro Portion angegeben, hat man zumindest die gängigen Zuckerarten (Einfach- und Zweifachzucker) mit der Angabe zum Zuckergehalt erfasst. Es ist also schwierig, den Zuckergehalt eines Lebensmittels zu erkennen. Ausführliche Informationen zu Zuckerarten und Kennzeichnung finden Sie in unserem Ratgeber „Achtung, Zucker!" (→hintere Umschlaginnenseite).

Alternativen für Süßigkeiten und Zucker

Süßigkeitenersatz

Gute Alternativen zu Süßigkeiten sind frisches Obst, Trockenfrüchte, Nüsse, Studentenfutter oder zwischendurch etwas Ausgefalleneres wie Ananas, Melonen oder Feigen. Obst und Trockenfrüchte enthalten zwar auch Zucker, aber zusätzlich ebenso Vitamine, Mineralstoffe, sekundäre Pflanzenstoffe und Ballaststoffe. Sie sind daher keine „leeren Kalorien".

Möchte man Kindern eine Freude machen, muss es nicht mit einer Süßigkeit sein. Auch kleine Geschenke wie zum Beispiel Sticker, Buntstifte, Spielzeugautos, kleine Heftchen zum Vorlesen oder vielleicht ein Kinogutschein sind willkommen.

Und die kostbarste Alternative: Zeit schenken für gemeinsame Unternehmungen. Ein Besuch im Zoo, Schwimmen, Schwebebahn fahren, eine Radtour, Vorlesen, Geschichten erzählen, Gesellschaftsspiele spielen oder miteinander toben und schmusen – wem fehlen da noch Süßigkeiten?

Wo sich Zucker versteckt

Produkt	Portion Gramm (g) Liter (l)	Kaloriengehalt pro Portion	Zuckeranteil in Gramm (g) / Zuckerwürfel pro Portion
Kinderjoghurt mit Cerealien	150 g	177 kcal	10,5 g/3,5 Würfel
Kinderpudding	125 g	145 kcal	17,6 g/6 Würfel
Kinderquark	50 g	53 kcal	6,4 g/2 Würfel
Trinkjoghurt	100 g	79 kcal	12,8 g/4 Würfel
Quark im Quetschbeutel	90 g	94,5 kcal	11,7 g/4 Würfel
Cerealien	30 g	115 kcal	13 g/4 Würfel
Schokoriegel (2 Riegel à 25 g)	25 g	124 kcal	12,2 g/4 Würfel
Schokolade für Kinder (8 Riegel à 12,5 g)	12,5 g	71 kcal	6,7 g/2 Würfel
Eisteegetränk	0,25 l	70 kcal	17 g/5,5 Würfel
Fruchtsaftgetränk Orange	0,2 l	88 kcal	20 g/6,5 Würfel
Kakao, löslich 15 g in 0,2 l Milch mit 1,5 % Fett	0,2 l	129 kcal	18,9 g/6 Würfel
Kekse für Kinder (6 kleine Kekse)	37,5 g	188 kcal	13,5 g/4,5 Würfel
Hörnchen mit Nuss-Nougat-Füllung	48 g	232 kcal	10,6 g/3,5 Würfel

Zuckerersatz

Natürliche Süßungsmittel: Zuckeraustauschstoffe, Fruchtzucker und Süßstoffe als Ersatz für Zucker werden gern als „natürliche Süßungsmittel" bezeichnet. Brauner Zucker, Ahornsirup, Zuckerrübensirup, Agaven-, Apfel- und Birnendicksaft wirken zwar alternativ und gesund und sind teilweise auch weniger stark verarbeitet als normaler Haushaltszucker, haben aber ebenfalls einen hohen Energiegehalt und sind daher wie Zucker zu bewerten.

Natürliche Süßungsmittel

Honig ist zwar naturbelassen. Für die Zähne ist er aber ebenso ungünstig wie Zucker, da er durch seine Klebrigkeit besonders gut haftet.

Honig

Zuckeraustauschstoffe: Sorbit, Laktit, Maltit, Mannit, Isomalt, Erythrit oder Xylit besitzen weniger Süßkraft als Zucker und sind nicht ganz kalorienfrei. Schon bei Aufnahme kleiner Mengen verursachen diese Zuckeraustauschstoffe bei Kindern oft Beschwerden wie Blähungen, Bauchschmerzen und Durchfall. Im Gegensatz zu Zucker fördern sie jedoch kaum oder gar nicht die Entstehung von Karies. Besonders Xylit wird daher in Kaugummis, Bonbons und Getränken eingesetzt. Die Verwendung dieser Zuckeraustauschstoffe führt allerdings nicht zu veränderten Essgewohnheiten oder einer geringeren Reizschwelle für Süßes. Daher empfehlen wir eher das wohldosierte Süßen mit natürlichen Zutaten.

Zuckeraustauschstoffe

Fruchtzucker (Fructose): Er sorgt in vielen Früchten auf natürliche Weise für Süße. In der Lebensmittelindustrie werden immer häufiger Fruchtzucker und Fruktosesirup anstelle von Zucker verwendet. Doch der menschliche Verdauungsapparat ist für größere Mengen Fruchtzucker nicht geschaffen. Ein übermäßiger Genuss kann Magenschmerzen und Durchfall auslösen. Für gesunde Erwachsene und Kinder können mehr als 35 g Fruchtzucker pro Mahlzeit – die etwa in zwei Gläsern Apfelsaft stecken – schon zu viel sein.

Fruchtzucker (Fructose)

Hinter Aussagen wie „weniger süß", „weniger Zucker", „ohne Kristallzucker" oder „Traubenfruchtsüße" verbirgt sich oft ein hoher Fruchtzuckeranteil. Auch Milchprodukte, Mineralwasser mit Fruchtgeschmack, Wellness- und Diät-Erfrischungsgetränke können Fruchtzucker enthalten.

Obst statt Fruchtzucker

Zwei bis drei Portionen Obst pro Tag sind gesund und führen bei Gesunden zu keinerlei Beschwerden. Eine Portion davon kann ein Glas Obstsaft sein. Die Fruchtzuckeraufnahme darüber hinaus sollte möglichst gering sein. Achten Sie bei der Zutatenliste auf Begriffe wie Fruchtzucker, Fruktose-Glukose-Sirup und Fruktose.

Als Süßstoffe sind zugelassen: Cyclamat, Saccharin, Aspartam, Acesulfam-K, Aspartam-Acesulfam-Salz, Thaumatin, Sucralose, Neohesperidin, Neotom und Steviosid. Sie liefern wenige bis keine Kalorien. Häufig sind Mischungen verschiedener Süßstoffe in Lebensmitteln zu finden.

ADI-Werte

Die Abkürzung ADI steht für „acceptable daily intake" und heißt übersetzt „duldbare tägliche Aufnahme". Der ADI-Wert gibt die Menge eines Stoffes an, die täglich und über die gesamte Lebenszeit verzehrt werden kann, ohne dass hierdurch gesundheitliche Gefahren zu erwarten wären. ADI-Werte gibt es immer nur für einen einzelnen Stoff und nicht für Süßstoffgemische. In der Regel setzt die Industrie aber Süßstoff-Mischungen ein. Die Europäische Behörde für Lebensmittelsicherheit (EFSA) und die Weltgesundheitsorganisation (WHO) haben für Süßstoffe sogenannte ADI-Werte festgelegt, die in Milligramm pro Kilogramm Körpergewicht angegeben werden.

Lebensmittel, die mit Süßstoffen und/oder Zuckeraustausch-stoffen gesüßt sind, sind keine empfehlenswerten Lebens-mittel für Kinder. Sie sind keine Alternative zu Zucker und sollten, wenn überhaupt, nur in Ausnahmefällen verwendet werden. Kinder erreichen aufgrund ihres geringen Körper-gewichts schneller die als schädlich eingestuften Mengen der Süßstoffe. Sie kommen vor allem im Sommer sehr rasch auf die ADI-Werte, wenn sie mit Süßstoff gesüßte Getränke trinken. Es handelt sich zwar teilweise um energiefreie Süßstoffe und sie sind nicht oder weniger kariesfördernd. Dennoch ist problematisch, dass die Vorliebe für die Ge-schmacksrichtung „süß" dadurch weiterhin gefördert wird.

Näheres zum ADI-Wert können Sie nachlesen unter www.zusatzstoffe-online.de.

Ist Traubenzucker für Kinder besonders gesund?

Nein, Traubenzucker bietet weder Kindern noch Erwachsenen Vorteile. Seine Eigenschaft, schnelle Energie zu liefern, weil er rasch ins Blut gelangt, kann bei sportlichen Höchstleistun-gen von Nutzen sein. Für Schule und Spiel ist Traubenzucker keine sinnvolle Unterstützung, sondern wie anderer Zucker auch lediglich ein Lieferant „leerer" Kalorien.

Sind Müsliriegel eine gesunde Alternative zu Schokoriegeln?

Nein, auch ein Müsliriegel ist eine Süßigkeit. Ein Müsliriegel enthält ca. 30 Prozent Zucker – Trauben-, Frucht-, Malz- oder Haushaltszucker, Honig oder Sirup. Und der Ballaststoff-gehalt aus den Getreideflocken, Nüssen und dem Trocken-obst ist auch nicht so hoch, wie uns die Werbung weis-machen will. Müsliriegel mögen das Gewissen beruhigen, sind aber als Süßigkeiten einzuordnen.

Umgang mit Süßigkeiten

Verbieten Sie Ihrem Kind Süßigkeiten nicht grundsätzlich.
Zum einen haben verbotene Sachen bekanntlich immer
einen besonderen Reiz, zum anderen lässt sich ein Verbot
auch gar nicht durchhalten: Spätestens bei den Kontakten
außer Haus, zu Nachbarn, Freunden und Verwandten, nutzen
Kinder die Gelegenheit, Süßigkeiten zu bekommen, und
stopfen sich dann unter Umständen regelrecht voll damit.
Außerdem kaufen sie Süßigkeiten vom Taschengeld auch
heimlich. Erfolgversprechender ist es, bewusst mit Süßem
umzugehen und das Angenehme mit dem Nützlichen zu
verbinden: Frisches Obst, Nüsse, Studentenfutter oder Trockenfrüchte befriedigen das „Süßbedürfnis" und kühlen den
Heißhunger auf Süßes beträchtlich ab.

Anregungen für Spielregeln zum Süßigkeitenverzehr:

- Ein Stück wird gleich probiert, der Rest wandert in eine
spezielle „süße Dose".
- Versuchen Sie, die süßen Anwandlungen Ihres Kindes
im Auge zu behalten, indem Sie zum Beispiel mit ihm ver-
abreden, nur gemeinsam an diese „süße Dose" zu gehen.
- Sie legen gemeinsam mit Ihrem Kind die Ration für eine
Woche fest und überlassen es Ihrem Kind, ob und wie es
sich diesen Vorrat aufteilt.
- Es wird nur einmal täglich Süßes gegessen.
- Süßes soll nicht unmittelbar vor dem Essen genascht
werden.
- Seien Sie ein Vorbild und kaufen Sie keine oder nur
wenige Süßigkeiten.

Tipp: Bleiben Sie entspannt, wenn es einmal etwas mehr Süßigkeiten sind, etwa bei besonderen Festen. Wichtig ist es, danach wieder zum gesunden Maß zurückzukehren.

Bringen Großeltern, Freunde oder Nachbarn Süßes mit, so
versuchen Sie, auch hierfür Spielregeln mit den Kindern zu
vereinbaren. Alternativ können Sie den Gästen auch vorab
Tipps für kleine Mitbringsel geben, um die mitgebrachten
Mengen etwas einzugrenzen.

Was kann ich gegen ständiges **Naschen** machen?

Gehen Sie den Ursachen fürs Naschen auf den Grund: Überprüfen Sie zuerst Ihr eigenes Naschverhalten, um auszuschließen, dass Ihr Kind nur das nachahmt, was Sie ihm vormachen.

Vielleicht ist aber auch der Abstand zwischen den Hauptmahlzeiten zu lang. Kleine herzhafte Imbisse beugen gut vor. Wie sieht's mit möglicher Langeweile aus? Wenn sie ein Grund sein könnte, hilft es schon, wenn Sie mit Ihrem Kind überlegen, was man außer Naschen noch (gemeinsam) tun könnte. Überlegen Sie, ob in Ihrer Familie Süßes als Trostpflaster bei Schwierigkeiten oder als Belohnung für besondere Leistungen (zum Beispiel in der Schule) eingesetzt wird. Wenn Sie Lob und Tadel mit Süßigkeiten erteilen, konditionieren Sie Ihr Kind mit dieser „süßen" Art von Problemlösung für sein späteres Leben („Kummerspeck").

Brauchen Kinder eine Extrawurst?

Besonders die Fernsehwerbung zeigt gern das gute Gewissen von Eltern, die sogenannte Kinderlebensmittel für ihre Kleinen kaufen. Demgegenüber sollten wohl alle restlichen Eltern ein schlechtes Gewissen haben? Auf gar keinen Fall: Bärchenwurst, Knusperjoghurt, Pudding und Kindermüsli sind nicht besser als andere Produkte.

Kinderlebensmittel auf Erfolgskurs

Kinder erkennen sie meist nach den ersten Tönen: die Lieder und Melodien, die in der Werbung für Kinderlebensmittel verwendet werden. So wie bei den Erwachsenen werden auch hier erfolgreich eingängige Lieder genutzt, die zum Ohrwurm für Kinder werden und an das jeweilige Produkt erinnern. Außerdem werden die Kleinen mit Comic-Helden oder fantasievollen Figuren gelockt. Den Eltern verspricht die Werbung einen besonderen Nutzen, zum Beispiel durch enthaltene Milch oder einfach ein gutes Gefühl. Kinderlebensmittel füllen teilweise ganze Regale und umfassen weit mehr als die klassischen Süßigkeiten für Kinder mit Spielzeug und lachendem Kindergesicht als Markenzeichen. Das Angebot ist in den letzten Jahren immer größer geworden. Besonders bei den Milchprodukten und den Cerealien finden sich Produkte, deren Marketing speziell auf Jungen oder Mädchen abzielt. Dazu kommen Wurst, Käse, Fruchtriegel, Tütensuppe oder Tomatensauce für Kinder – der Markt bietet mittlerweile eine große Bandbreite.

Tipp: Auf Seite 91 finden Sie Alternativen zu gängigen Kinderlebensmitteln.

Ausgeweitet haben die Hersteller das dazu passende Internetangebot zum Spielen und Knobeln, bei dem so ganz nebenbei die Bindung an die jeweilige Marke entsteht. Diese einmal entwickelte Vorliebe für eine bestimmte Marke,

Packung oder das damit verbundene gute Gefühl prägt sich sehr früh ein und hält oft ein Leben lang an. So ist das Bemühen der Firmen gut nachvollziehbar.

Kinderlebensmittel sind aber nicht zwangsläufig besonders gut für Kinder geeignet, zum Beispiel weil sie weniger Zucker, keine Aromen oder besonders gute Zutaten enthalten würden. Im Gegenteil! Überwiegend sind es ganz normale Süßigkeiten oder Lebensmittel, die durch die Form, Farbe oder die Werbung besonders Kinder ansprechen oder den Eltern mit scheinbar guten Zutaten ein gutes Gewissen vermitteln. Teilweise sind sie süßer als vergleichbare Produkte für Erwachsene. Zumindest greift man dabei tiefer in die Geldbörse.

Tipp: Bitte achten Sie darauf, dass Ihr Kind ausgewählte Sendungen im Fernsehen ohne Werbepausen anschaut.

Hier sind Eltern im doppelten Sinne gefordert, einen kühlen Kopf zu bewahren, denn vor allem Kinder unter 10 Jahren können noch nicht klar erkennen, dass die ganze Werbung nur dazu dient, bei ihnen den Wunsch nach den Produkten zu wecken und die Eltern zum Kauf zu veranlassen.

Für viele der Kinderlebensmittel lassen sich Alternativen finden, die günstige Zutaten wie zum Beispiel frische Früchte oder Vollkorngetreide enthalten, weniger Zuckerzusatz haben, auf Zusatzstoffe verzichten oder auch einfach preiswerter sind. Als Alternative für spezielle Kinderwurst empfehlen wir eher einen Bratenaufschnitt, da er weniger Fett enthält. Noch besser ist es, wenn nicht jeden Tag ein Fleischaufschnitt aufs Brot kommt. Probieren Sie doch mal einen der pikanten Brotaufstriche aus unserem Rezeptteil. Bei den angebotenen Schokoladen speziell für Kinder fällt es dagegen schwer, Alternativen anzubieten. Wichtig ist, diese als Süßigkeiten mit hohen Zucker- und Fettgehalten anzusehen und weniger als wertvolle Quelle für Kalzium durch enthaltenes Milchpulver. Nach der Ernährungspyramide ( Seite 27) ist eine Portion Süßes oder ein Snack erlaubt und sollte dann auch ein Genuss sein.

Gute Alternativen für Kinderlebensmittel

Kinderlebensmittel	Alternative	Vorteil
Frühstückscerealien	Selbst gemacht: Fruchtmüsli oder Knuspermüsli (⟶ S. 130)	Zuckergehalt wird selbst bestimmt, Vollkornanteil je nach Zutaten hoch, frische Früchte oder Trockenfrüchte enthalten
Milchprodukte, Joghurts, Quark, Frischkäse, Trinkjoghurt	Selbst gemacht: Apfel-Quarkauflauf (⟶ S. 205), Joghurt mit frischen Früchten, z. B. mit Obstsalat Sommer/Winter (⟶ S. 208/210), Schnelle Paprikacreme (⟶ S. 126)	Zuckergehalt wird selbst bestimmt, frische Früchte, keine Zusatzstoffe
Kakao, trinkfertig	Selbst gemacht: gekochter Kakao mit reinem Kakaopulver und wenig Zucker	Zucker reduziert, Kakaogeschmack stärker
Bärchenwurst, Teewurst, Leberwurst	Aufschnitt aus Muskelfleisch, z. B. Schweinebratenaufschnitt, oder Aufschnitt von Geflügelbrust, evtl. mit Rohkoststreifen bunt belegt, pikante Brotaufstriche (⟶ Rezeptteil)	geringer Fettgehalt
Süße Schnitten, Riegel und Snacks	Selbst gemacht: kernige Waffeln, Nussecken, Muffins (⟶ S. 222)	Zuckergehalt wird selbst bestimmt, keine Zusatzstoffe, Vorrat kann eingefroren werden

Werbeaussagen zu Kinderlebensmitteln

Was die Werbeaussagen zu Entwicklung und Gesundheit von Kindern betrifft, hat sich in der letzten Zeit einiges getan: Klare Regelungen wurden in EU-Verordnungen getroffen, sodass heute nur noch mit Aussagen geworben werden darf, die durch wissenschaftliche Studien belegt und erlaubt sind. Der Hersteller eines Kinderquarks, dem Kalzium und Vitamin D zugesetzt wurden, kann zum Beispiel werben mit: „Kalzium und Vitamin D werden für ein gesundes Wachstum und eine gesunde Entwicklung der Knochen benötigt." Er darf aber nicht sagen: „Kalzium ist gut für die Nervenzellen." Ohne einen Bezug zur Entwicklung und Gesundheit von Kindern kann natürlich weiterhin mit Zutaten wie Vollkorn, Getreide, Fruchtzucker, Früchten etc. geworben werden.

In Fernsehspots oder Anzeigen bezieht man gern Erwachsene ein – die Hersteller argumentieren dann, dass die Werbung nicht speziell nur an Kinder gerichtet sei. Dadurch versuchen sie, Vorwürfe der direkten Werbung an Kinder zu entkräften. Eigentlich haben sich nämlich einige große Lebensmittelkonzerne im sogenannten EU-Pledge (ww.eu-pledge.eu/) verpflichtet, keine Werbung für unausgewogene Produkte an Kinder unter zwölf Jahren zu richten. Schaut man sich die Werbung für die entsprechenden Produkte an, bekommt man allerdings einen anderen Eindruck.

Wird nicht mit besonderen Zutaten oder Inhaltsstoffen geworben, versucht man ein besonderes Lebensgefühl, Fitness oder Intelligenz mit dem Verzehr des Produkts zu verknüpfen und damit Kinder und Eltern zum Kauf anzuregen.

Unser Fazit: Kinderlebensmittel bieten keine Vorteile und sind überflüssig. Nicht die Art der Lebensmittel macht den Unterschied in der Ernährung von Kindern im Vergleich zu den Erwachsenen, sondern allein die Menge. Eine vielseitige, ausgewogene Kost mit normalen, natürlichen Lebensmitteln sichert die Versorgung mit allen notwendigen Nährstoffen.

Die Hintergrundinformationen in diesem Abschnitt sollen Ihnen helfen, eine gute Entscheidung zu treffen und mit gutem Gewissen zu den richtigen Lebensmitteln zu greifen. Wir empfehlen: Werfen Sie einen kritischen Blick auf die Zutatenliste oder vergleichen Sie die am Regal angegebenen Grundpreise für die einzelnen Produkte. Häufig kann man für Kinder zu Hause selbst ganz schnell ein ansprechendes Dessert oder Gericht zusammenstellen und damit für Spaß am Essen und Trinken sorgen. Unsere Rezepte bieten dazu etliche Anregungen.

Unsere Position: Kinderlebensmittel ...

- bieten keine Vorteile gegenüber anderen Lebensmitteln,
- sind nicht besonders für Kinder geeignet,
- halten nicht, was sie versprechen,
- wecken Bedürfnisse bei Kindern,
- enthalten häufig viel Zucker,
- sind oft teurer,
- sind überflüssig.

Brauchen Kinder mit Vitaminen und Mineralstoffen angereicherte Lebensmittel?

Nein. Wenn Sie Essen und Trinken nach den Empfehlungen zusammenstellen, wie sie in diesem Ratgeber beschrieben werden, sichern Sie in der Regel eine bedarfsgerechte Vitamin- und Mineralstoffzufuhr. Die meisten Kinder sind mit Vitaminen und Mineralstoffen ausreichend versorgt (→ Seite 17). Mögliche Defizite in der Eisen- und Jodzufuhr sowie bei der Folatversorgung oder Vitamin D können durch eine gezielte Lebensmittelauswahl und die Verwendung von Jodsalz oder in Absprache mit dem Kinderarzt behoben werden.

Angereichert mit einzelnen Vitaminen und Mineralstoffen bzw. häufig auch mit einem wahllos zusammengestellten „Cocktail" werden in erster Linie Getränke, Frühstückscerealien, Milchprodukte und Süßigkeiten. Dadurch erhalten sie in den Augen der Eltern einen gesunden „Anstrich". Es entsteht der Eindruck, sie seien besonders wertvoll für die Ernährung der Kinder. Negative Aspekte wie hohe Zucker- und Fettgehalte werden verschwiegen. Sollte aufgrund von Erkrankungen einmal eine Vitamin- und Mineralstoffunterversorgung festgestellt werden, so besprechen Sie mit dem Arzt oder einer Ernährungsfachkraft, wie dieser Mangel am besten behoben werden kann.

❓ Was bedeutet „ohne Zusatzstoffe"?

Lebensmittelproduzenten verzichten – so steht es auf den Verpackungen – immer häufiger auf Zusatzstoffe wie Geschmacksverstärker oder künstliche Aromen und wollen so ihren Produkten mittels sogenannter Clean Labels ein natürliches Image geben. Häufig werden jedoch die „fehlenden Zusatzstoffe" durch andere ersetzt, die eine ähnliche Wirkung haben, jedoch nicht als Zusatzstoffe gekennzeichnet werden müssen. Wenn zum Beispiel laut Verpackung auf den Geschmacksverstärker Glutamat verzichtet wird, können stattdessen Hefeextrakte als geschmacksverstärkende Zutaten zugesetzt sein. Diese enthalten auch Glutamat, was jedoch nicht angegeben werden muss. Der scheinbare Verzicht auf Zusatzstoffe ist also eher eine Produktwerbung als eine Produktverbesserung und hält oft nicht, was er verspricht.

Lebensmittel – aromatisch aufgepeppt

Ob Süßigkeit, Milchprodukt, Getränk oder Fertiggericht – eine Vielzahl von Lebensmitteln wird mit Aromen aufgepeppt. Dabei kann man anhand der Zutatenliste nicht erkennen, ob es sich um natürliche, naturidentische oder künstliche Aromen oder um Aromaextrakte handelt. Zwar sind alle zulässigen Aromen gesundheitlich unbedenklich, trotzdem haben sie unserer Meinung nach in Lebensmitteln für Kinder nichts zu suchen. Kinder lernen so nicht den natürlichen Geschmack von Lebensmitteln kennen und gewöhnen sich an die eingesetzten Aromen. Die Vorliebe für solche Geschmacksrichtungen, zum Beispiel für künstliches Vanillearoma, lässt sich dann kaum noch mit natürlichen Produkten entsprechen. Besonders Vanille findet sich als Geschmacksrichtung in zahlreichen Zubereitungen für Säuglinge und Kleinkinder und auch in anderen Milchprodukten. Die Prägung des Geschmacks der Kleinen geht dadurch eher in Richtung der industriell erzeugten Lebensmittel.

Mit Kindern im Restaurant

Ein Restaurantbesuch ist ein Erlebnis für Kinder und daher sollte es eigentlich auch etwas Besonderes auf dem Teller geben. Wenn Eltern mit ihren Kindern auswärts essen, stoßen sie aber häufig nur auf ein sehr fantasieloses Angebot. Während die Erwachsenen zwischen verschiedensten Gerichten mit unterschiedlichen Fleisch- und Fischsorten, Beilagen wie Salzkartoffeln, Reis, Nudeln, Rösti oder Bratkartoffeln, Gemüse oder Salatvariationen wählen können, gibt es für die Kleinen oft nur panierte und frittierte Einheitskost. Dabei empfiehlt der Hotel- und Gaststättenverband das besondere Engagement für die kleinen Gäste mit ihren Eltern, weil es sich am Ende auszahlt. Eine kinderfreundliche Gastronomie sollte unserer Meinung nach ein kulinarisches Erlebnis sein, bei dem Kinder beispielsweise auch regionale und saisonale Gerichte kennenlernen. Die kleinen Gäste von heute sind vielleicht die großen Gäste von morgen und zufriedene Eltern mit glücklichen Kindern kommen gern wieder!

Außer den klassischen privat geführten Restaurants gibt es zahlreiche weitere Gastronomieformen: sogenannte SB-Restaurants, bei denen man die Speisen mit einem Tablett selbst an einer Ausgabetheke holt, die bekannten Fast-Food-Tempel mit verpackten Speisen oder die Angebote in Restaurantketten mit Schwerpunkt auf Steak oder Pizza, also die Systemgastronomie mit demselben Angebot in sämtlichen deutschen Filialen.

Marktcheck zu Kindertellern in der Gastronomie

Wir haben uns die Angebote für Kinder in Restaurantketten angesehen und festgestellt, dass es besser sein könnte: Kaum ein angebotenes Kindermenü ist als ausgewogene Mahlzeit anzusehen. Nur selten war Frisches wie Salat oder Gemüse mit im Angebot, dafür aber reichlich paniertes Fleisch oder Fisch und frittierte Kartoffelprodukte. Häufig gab es jedoch ein kleines Spielzeug dazu, eine Sammelfigur oder etwas zum Basteln. Warum soll es für Kinder nicht selbstverständlich auch eine Gemüse- oder Salatbeilage, möglichst aus der Saison, oder auch regional typische Gerichte geben, so wie es bei Erwachsenen üblich ist? Natürlich sind manche Kinder Salat- und Gemüsemuffel, doch je häufiger man Salat und Gemüse anbietet, desto eher gewöhnt sich der Kindergaumen an den Geschmack.

Unsere Tipps für den Restaurantbesuch:

- Wählen Sie bewusst aus und lassen Sie sich nicht immer zu einem Besuch im Fast-Food-Restaurant überreden.
- Fragen Sie im Restaurant nach einer kleinen Portion aus der normalen Speisekarte, wenn die Kinderkarte hauptsächlich Paniertes und Frittiertes aufweist. Lässt sich ein Restaurant darauf ein, werden Sie sicher auch gern wieder dort essen.

- Sicherlich kann es auch das ein oder andere Mal Pommes oder paniertes Fleisch für die Kleinen geben. Fragen Sie dann aber nach einer frischen Beilage wie Salat oder Rohkost.
- Häufig gibt es bei kompletten Menüs auch Softdrinks zur Auswahl. Grundsätzlich als Getränk empfehlenswert ist Wasser oder eine Saftschorle. Gesüßte Softdrinks stillen den Hunger schon vorab und das bestellte Essen landet dann vielleicht im Müll. Achten Sie hier auf die kindgerechte Größe des servierten Getränks.
- Eine Malvorlage zur Beschäftigung, bis das Essen serviert wird, ist eine sinnvolle Sache, mit der ein Restaurant in der Gunst der Kinder schon weit vorn liegen kann. Es muss nicht unbedingt ein Plastikspielzeug sein, welches auch schnell an Attraktivität verliert, weil es mit anderen Spielsachen zu Hause nicht konkurrieren kann.
- Im Fast-Food-Restaurant entsteht viel Verpackungsmüll. Planen Sie einen solchen Besuch nicht zu häufig oder nur für den Fall ein, wenn Sie wirklich unterwegs sind und verpacktes Essen brauchen.

Sicherlich bieten Fast-Food-Restaurants eine Umgebung, die Eltern nicht allzu sehr bei der Aufsicht der Kinder fordert. Es gehört aber auch zu unserer Kultur, an einem gedeckten Tisch zu sitzen, mit Besteck von einem Teller zu essen und das Essen zu schätzen. Das sollten auch Kinder schon früh erfahren und lernen.

Kinder sind nicht nur auf Pommes und panierte Putenbrust aus. Rohkost mit Dip, Nudeln mit Tomatensoße und Fisch, Omelette mit Gemüse, ein kleiner Salat mit Baguette, Pizza mit frischem Gemüse oder Kartoffelspaghetti mit Schweinefilet, auch Reis oder Salzkartoffeln als Beilagen sind leckere und gesunde Gerichte bzw. Komponenten, die kleine Gäste begeistern können.

Praktische Tipps für die Küche

Die Frage, die sich stellt, wenn Sie beim täglichen Speiseplan etwas verändern und verbessern wollen, lautet: „Wo fange ich an?"

Was wir Ihnen bis hier zur ausgewogenen Kinderernährung aufgezeigt haben, ist für Sie sicher nicht alles neu, lässt bei Ihnen womöglich aber trotzdem den Wunsch nach Veränderung entstehen. Vielleicht haben Sie auch das Gefühl, nicht zu wissen, an welchem Punkt Sie beginnen können – vor allem, wenn Sie durch Berufstätigkeit zeitlich eingeschränkt sind oder mehrere Kinder versorgen. Deshalb möchten wir an dieser Stelle noch einmal betonen, dass einschneidende Änderungen nicht sein müssen. Erfahrungsgemäß ist der Erfolg am wirksamsten, wenn Verbesserungen in kleinen Schritten erfolgen.

Denn Kinder – und nicht nur sie – lieben ihre Gewohnheiten und wollen nicht von heute auf morgen auf alles Bisherige verzichten. Schon kleine unauffällige Veränderungen oder Austauschmanöver können Gerichte gut „aufwerten".

Beziehen Sie Ihr Kind so ein, wie Sie es am besten erreichen: durch Fragen, was es wieder mal gern essen möchte, durch regelmäßiges Kochen von Lieblingsgerichten – oder durch Überraschungen. Unterm Strich sollte die Ernährung abwechslungsreich und vielseitig sein.

Für die einzelnen Mahlzeiten finden Sie im Rezeptteil zahlreiche Vorschläge, die von Kindern und Erwachsenen getestet und für gut und lecker befunden wurden. Alle Rezepte sind auch für den „Koch-Einstieg" geeignet und lassen auch Kinder als kleine Helfer zu, zum Beispiel beim Abwaschen, Rühren oder auch Schnibbeln. Zuvor möchten wir Ihnen mit

Tipps und Hinweisen für Einkauf und Zubereitung das Ausprobieren erleichtern.

Wo und wie oft einkaufen?

Alle Lebensmittel, die Sie für unsere Rezepte benötigen, sind in der Regel in Supermärkten und Discountern erhältlich. Vollkornnudeln und Vollkornreis finden sich dort ebenso wie Vollkornmehl aus Weizen, Dinkel oder Roggen. Getreideschrot für Bratlinge gibt es nicht in jedem Supermarkt, aber doch im Naturkostladen oder Reformhaus.

Kaufen Sie Gemüse und Obst möglichst nach der Saison. Der Saisonkalender erleichtert Ihnen die Auswahl nach der Jahreszeit und garantiert damit auch die Abwechslung auf dem Teller (⟶ Saisonkalender, S. 230).

Unser Einkaufsplan auf Seite 102 f. erleichtert Ihnen den Einkauf: Von den haltbaren Lebensmitteln wird ein Vorrat angelegt, frische Dinge müssen zwei- bis dreimal pro Woche eingekauft werden.

Kinder können beim Einkaufen sehr gut mithelfen: Sie schreiben den Einkaufszettel, holen im Supermarkt bestimmte Dinge herbei und legen sie in den Einkaufswagen oder packen an der Kasse die Lebensmittel auf das Band.

Lebensmittel nachhaltig auswählen

Nachhaltigkeit bei der Auswahl der Lebensmittel zu berücksichtigen bedeutet, diese nach ökologischen, ökonomischen und gesellschaftlichen Kriterien auszuwählen. Die Bedürfnisse heutiger Menschen sollen befriedigt werden, ohne die Ernährungsgrundlagen künftiger Generationen zu gefährden.

Die Vollwerternährung nach dem Ernährungswissenschaftler Prof. Dr. Claus Leitzmann berücksichtigt diese Aspekte. Bevorzugt werden Lebensmittel möglichst aus ökologischer Produktion, regional erzeugt und aus dem fairen Handel.

Die Grundsätze für nachhaltiges Einkaufen lauten:
- Wählen Sie ökologisch erzeugte Lebensmittel.
- Entscheiden Sie sich möglichst für regionale und saisonale Produkte.
- Essen Sie selten Fleisch und Wurst, dafür aber artgerecht erzeugte Produkte.
- Kaufen Sie gering bzw. mäßig verarbeitete Lebensmittel.
- Achten Sie auf umweltverträglich verpackte Erzeugnisse.
- Unterstützen Sie mit Ihrem Kauf sozialverträglich erzeugte und vermarktete Produkte wie zum Beispiel Lebensmittel aus dem fairen Handel.

Produkte, die diese Kriterien erfüllen, finden Sie in Bioläden, auf Wochenmärkten, im Lebensmittel-Einzelhandel oder direkt beim Bio-Bauern. Seit 2014 gibt es das „Regionalfenster". Das ist ein Siegel, anhand dessen Sie erkennen können,

nen, ob ein Lebensmittel tatsächlich aus der Region stammt, die auf der Verpackung angegeben ist. Informationen dazu: www.vz-nrw.de/regionale-lebensmittel

Vorrats- und Einkaufsplan

Das gehört in Küche und Keller:
- Kartoffeln
- Mehl, Nudeln, Reis
- Hülsenfrüchte, zum Beispiel Linsen, Erbsen, Bohnen
- Getreideflocken, Müsli, Getreideschrot
- Zwieback, Knäckebrot
- Zwiebeln, Knoblauch
- Getrocknete Gewürze und Kräuter
- Salz, Pfeffer
- Instant-Gemüsebrühe
- Essig, Öl, Senf
- Nüsse, Sonnenblumenkerne, Sesam, Leinsamen
- Rosinen und andere Trockenfrüchte
- Konfitüre, Honig, Zucker
- Tomatenmark, pürierte Tomaten im Glas oder in der Dose
- Mineralwasser, Tee, Obstsaft

Das gehört in die Tiefkühltruhe bzw. den Tiefkühlschrank:
- verschiedene Gemüse, zum Beispiel Spinat, Erbsen, Rotkohl
- verschiedene Kräuter
- Fleisch
- Fisch
- 2–3 Sorten Brot (maximal 2 Wochen lagern)

Das wird wöchentlich gekauft:
- Milch
- Joghurt, Quark, Schmand, Sahne
- Käse
- Eier
- Butter, Margarine

Das wird frisch und nach Bedarf gekauft:
- Obst
- Gemüse, Salat, Kräuter

- Fleisch und Wurst
- Fisch
- Brot und Brötchen

Einkaufsregeln, die das Leben erleichtern:
- Den Wocheneinkauf nicht am Wochenende erledigen.
- Einen günstigen Zeitpunkt festlegen, wenn Sie ohne Kinder einkaufen möchten.
- Verlängerte Ladenöffnungszeiten ausnutzen.
- Den Einkaufszettel nach Produktgruppen sortieren und im Laden die Liste nach und nach abhaken.
- Prüfen, ob Lebensmittel geliefert werden können, zum Beispiel Getränkekästen, Gemüsekisten.
- Bei Großeinkäufen auf Unterstützung von anderen Familienmitgliedern zurückgreifen.

Hilfreiche Tipps für den Einkauf mit Kindern:
- Lassen Sie Ihr Kind den Einkaufszettel schreiben.
- Gehen Sie nicht mit knurrendem Magen und nur mit satten Kindern einkaufen.
- Lassen Sie sich beim Einkaufen helfen.
- Machtkämpfe im Supermarkt können Sie vermeiden, wenn Sie Wünsche der Kinder bei der Planung berücksichtigen.
- Im „Notfall" hilft es, sich auf ein Kompromiss-Lebensmittel bzw. eine Süßigkeit einzulassen.
- Planen Sie den Einkauf als eine Familienaktion, zum Beispiel gemeinsam am Samstag auf dem Wochenmarkt oder bei einem Bauern einzukaufen.

Die Hygiene: Mahlzeiten sicher zubereiten und genießen

Um Lebensmittelinfektionen im Haushalt zu vermeiden, sind einige Grundkenntnisse im Umgang mit Lebensmitteln und über deren Lagerung und Zubereitung wichtig. Lebensmittelinfektionen werden durch Mikroorganismen (Bakterien, Hefen und Schimmelpilze) hervorgerufen. Diese leben überall dort, wo sie Nahrung finden: auf den Lebensmitteln selbst, an den Händen, den Arbeitsflächen, sogar im Kühlschrank oder an Spülgerätschaften und in Handtüchern. Essen oder trinken wir mit Krankheitserregern verunreinigte Speisen, können Durchfall, Erbrechen und ernste Lebensmittelvergiftungen auftreten. Kinder und Schwangere zählen zu den sogenannten Risikogruppen und zeigen eine höhere Empfindlichkeit gegenüber Erregern von Lebensmittelinfektionen.

Besonders empfindliche Lebensmittel:
- Geflügel, Wurstwaren, Eier, Milch oder (Räucher-)Fisch,
- rohe oder unzureichend gegarte Fleischgerichte und Wurstwaren, Feinkostsalate und Speisen mit rohen Eiern, wie selbst hergestellte Mayonnaisesalate oder Desserts wie Tiramisu, Mousse au Chocolat,
- pflanzliche Lebensmittel, wie Rohkost- oder Schnittsalate, können mit Keimen verunreinigt sein,
- durchgegarte Speisen, die anschließend unzureichend gekühlt wurden.

Die wichtigsten Hygieneregeln
Die Weltgesundheitsorganisation (WHO) empfiehlt, die „Fünf-Schlüssel-Strategie" für sichere Lebensmittel zu beachten:

1. Halten Sie Hände und Arbeitsflächen in der Küche sauber.
2. Trennen Sie rohe und gekochte Speisen.
3. Erhitzen Sie Lebensmittel sorgfältig.
4. Lagern Sie Lebensmittel bei „sicheren" Temperaturen.
5. Verwenden Sie sauberes Wasser und sichere Ausgangsprodukte.

So kaufen Sie „sicher" ein:
- Unterbrechen Sie die Kühlkette nicht.
- Kaufen Sie bedarfsgerechte Mengen.

- Beachten Sie Verbrauchsdatum und Mindesthaltbarkeitsdatum.
- Lagern Sie besonders empfindliche Lebensmittel mit **Verbrauchsdatum**, wie Räucherlachs oder Hackfleisch, bei den angegebenen Temperaturen (meistens 2 °C) und verbrauchen Sie sie bis zum entsprechenden Datum.

Verbrauchsdatum

Das **Mindesthaltbarkeitsdatum** (MHD) gibt das Datum an, bis zu dem die Ware bei Einhaltung der angegebenen Lagerbedingungen „mindestens" haltbar ist. Viele Lebensmittel sind aber weitaus länger haltbar und können auch nach Ablauf des Mindesthaltbarkeitsdatums noch gut gegessen werden. Prüfen Sie abgelaufene Lebensmittel nach Geruch, Farbe und Konsistenz und verbrauchen Sie diese dann kurzfristig, wenn sie noch in Ordnung sind.

Mindesthaltbarkeitsdatum (MHD)

So lagern Sie „sicher":

- Halten Sie die vorgeschriebene Lagertemperatur ein. Das Mindesthaltbarkeitsdatum für zu kühlende Lebensmittel bezieht sich meist auf einen Bereich zwischen 6 und 8 °C. Manche Produkte, zum Beispiel vorverpacktes Hackfleisch, dürfen nur bei maximal 2 °C lagern.
- Packen Sie den Kühlschrank nicht zu voll und lagern Sie nur solche Lebensmittel im Kühlschrank, die wirklich gekühlt werden müssen.
- Beachten Sie die unterschiedlichen Temperaturen im Kühlschrank. Fleisch und Fisch lagern am besten bei 2 °C und damit ganz unten auf der Glasplatte. Milchprodukte und Aufschnitt bei 4 bis 5 °C lagern; Eier, Speisereste und Gebäck bei 8 °C und Obst und Gemüse im Gemüsefach bei rund 10 °C. Messen Sie die Temperaturen in Ihrem Kühlschrank.
- Kontrollieren Sie regelmäßig die Vorräte.
- Lagern Sie geöffnete Lebensmittel kühl und verbrauchen Sie diese schnell.

Tipp: Die Temperaturzonen im Kühlschrank sind auf Seite 106 abgebildet.

So bereiten Sie „sicher" Ihre Speisen zu:

- Erhitzen Sie Fleisch gut durch.
- Beachten Sie die Auftauregeln: Auftauflüssigkeit von tief-gefrorenem Fleisch und Geflügel auffangen, wegschütten und nicht mit rohen Lebensmitteln in Berührung bringen.
- Bereiten Sie keine Speisen mit rohen Eiern für Risiko-gruppen zu. Dazu zählen Kinder, Schwangere, ältere Menschen und Menschen mit einem geschwächten Immun-system.
- Wenn Sie Speisen mit rohen Eiern zubereiten, gehören diese sofort in den Kühlschrank und sollten am besten noch am selben Tag verzehrt werden.
- Halten Sie Mahlzeiten nicht lange warm. Kühlen Sie ge-gebenenfalls fertig zubereitete Speisen schnell herunter, lagern Sie sie kühl und erhitzen Sie sie vor dem Essen erneut.

„Sichere" Arbeitsmittel und persönliche Hygiene:

- Ersetzen Sie zerkratzte Schneidebretter.
- Trennen Sie saubere von unsauberen Arbeiten, schneiden Sie zum Beispiel rohes Fleisch und Salat nicht auf dem-selben Brett.
- Reinigen Sie Küchengerätschaften sorgfältig.
- Tauschen Sie Spüllappen regelmäßig aus: Lappen alle 3 Tage, Handtücher mindestens einmal pro Woche.
- Waschen Sie die Hände vor und zwischen den Arbeits-gängen.
- Decken Sie Wunden ab.

Zubereitung der Mahlzeiten

Sie können der täglichen Frage „Was kochen wir heute?" entgehen und viel Zeit sparen, wenn Sie für eine Woche im Voraus planen, was gekocht werden soll. Überlegen Sie – am besten mit der ganzen Familie –, was in den nächsten Tagen auf den Tisch kommen soll. Jedes Familienmitglied hat so die Möglichkeit zur Mitsprache, kann ein Wunschessen einplanen und wird den Rest der Woche (hoffentlich) nicht meckern. Lassen Sie sich durch Kochbücher, Ihre Vorräte oder durch Gemüse, das gerade Saison hat, inspirieren. Sie können auch die Wochentage vergeben: Montag ist Reistag, Dienstag ist Nudeltag, Mittwoch ist Kartoffeltag, Donnerstag ist Getreidetag, Freitag ist Fischtag, Samstag ist Suppentag und Sonntag ist Fleischtag. Ein Familienordner mit Blitz- und Lieblingsrezepten erleichtert die Auswahl.

Zeit sparen beim Kochen

Nutzen Sie die Vielfalt unserer Lebensmittel, die zahlreichen Zubereitungsmöglichkeiten und sparen Sie dabei Zeit. Im Folgenden einige Beispiele:

Tipp: 1 x kochen – 2 x essen oder einfrieren

- Kartoffeln – die doppelte Menge als Pellkartoffeln garen: Am ersten Tag gibt es Pellkartoffeln mit Quark und am zweiten Tag Bratkartoffeln, Kartoffelgratin oder Kartoffel-salat.
- Nudeln – die doppelte Menge kochen: Am ersten Tag gibt es Nudeln mit Soße und am zweiten Tag sind die Nudeln Bestandteil eines Gemüseauflaufs.
- Reis – ein ganzes Kilo kochen und die am ersten Tag nicht benötigte Menge einfrieren oder für den nächsten Tag in den Kühlschrank stellen. Eingefrorener Reis wird nach dem Auftauen mit Zwiebeln in Butter oder Öl angebraten und zu Gemüse oder Soße serviert.

Zum Einfrieren eignen sich auch nachfolgende Speisen, die auf Vorrat gekocht oder gebacken werden können:

- Eintopfgerichte,
- Tomatensoße,
- Fleisch- und Fischspeisen,
- Getreidegerichte,
- Gemüsegerichte,
- Gemüsekuchen.

Weniger geeignet zum Einfrieren sind Kartoffeln und Kartoffelzubereitungen.

Tiefkühlgerichte erleichtern die Zubereitung einer warmen Mahlzeit bei knapper Zeit. Achten Sie hierbei auf die Zutatenliste. Empfehlenswert sind Produkte ohne weitere Zutaten, zum Beispiel Gemüse, Obst, Fleisch und Fisch natur. Halbfertig- oder Fertiggerichte enthalten häufig viel Fett, Sahne und Zusatzstoffe.

Es gibt übrigens kein Gesetz, das Hausfrauen und Hausmännern vorschreibt, dass jeden Mittag oder Abend etwas Warmes auf den Tisch kommen müsste. Ab und zu ersetzen eine Quarkspeise, nett angerichtete Toasts oder Wraps oder ein bunter Salat das warme Essen.

Vorschläge für die Zubereitung

Vitamine reagieren empfindlich bei Licht, Luft und Hitze. Dadurch nimmt bei der Lagerung und bei jedem Verarbeitungsschritt der Vitamingehalt von Obst, Gemüse und Kartoffeln ab. Auch Schälen reduziert oft den Gehalt wichtiger Inhaltsstoffe.

So können Sie unnötige Verluste vermeiden bzw. verringern:
- Lagern Sie gekauftes Gemüse und Obst nicht zu lange zu Hause.
- Waschen Sie Obst und Gemüse gründlich und unzerkleinert, wässern Sie es nicht und lassen Sie es zerkleinert nicht lange herumstehen.
- Bereiten Sie Rohkostsalate immer erst kurz vor den Mahlzeiten zu.
- Kochen Sie Gemüse nicht, sondern dämpfen oder dünsten Sie es kurz in wenig Wasser bei geschlossenem Deckel oder in einem Dämpfeinsatz.

- Halten Sie gegartes Gemüse nie warm (besser schnell abkühlen, im Kühlschrank lagern und aufwärmen).
- Garen Sie Kartoffeln als Pellkartoffeln.

Fett sparen

Als wichtiger Nährstoff und als Träger von Geschmacksstoffen hat Fett durchaus seine Bedeutung. Aufgrund des hohen Energiegehalts sollten Sie es bei der Zubereitung bewusst und sparsam verwenden:

- Beim Garen im Backofen, Grill und Römertopf können Sie ganz aufs Bratfett verzichten.
- Messen Sie beim Dünsten oder Braten das Fett immer ab, zum Beispiel in Esslöffeln.
- Gehen Sie mit Sahne und Crème fraîche in Suppen und Soßen sparsam um.
- Salate schmecken auch mit einer Joghurtsoße lecker, außerdem können Sahne, Mayonnaise, Crème fraîche und Ähnliches mit Joghurt gestreckt oder ersetzt werden.

Kinder helfen in der Küche

Vielen Eltern erscheint es leichter, das Kochen allein zu übernehmen, anstatt Kinder daran zu beteiligen. Wir sind der Meinung, dass es sich auf jeden Fall lohnt, Kinder schon früh mit kleinen Aufgaben zu betrauen. Sicher macht es einerseits anfangs etwas Mühe und erfordert viel Geduld – ganz abgesehen von der Sorge, dass das Kind sich schneiden, verbrennen oder anders verletzen könnte. Andererseits lernen Kinder frühzeitig und praktisch die Lebensmittel und ihre Verwendung und Zubereitung kennen; außerdem üben sie mit Messer und Küchengeräten umzugehen. Wenn sie dabei nicht nur „Handlanger" sind, sondern gleichzeitig Verantwortung für einen Teilbereich übernehmen, wird die mithilfe mit der Zeit eine Entlastung.

Das können Kinder je nach Alter tun:

- Einkaufszettel führen,
- allein zum Einkaufen gehen (Bäcker) oder gemeinsam einkaufen (Sachen im Supermarkt holen),
- Zutatenlisten auf Verpackungen „studieren",
- die Einkaufstasche ausräumen,
- Kuchen oder Plätzchen backen (Zutaten wiegen, Teig zubereiten),
- Obst, Gemüse oder Salat waschen,
- Desserts, Obstsalat, Rohkost zubereiten (rühren, schneiden),
- Kräuter ziehen, pflegen und ernten,
- im Garten ein eigenes Gemüsebeet betreuen,
- Pizza, Kuchen usw. belegen,
- Tisch decken und schmücken, Getränke einschenken,
- kleine Dinge bringen oder suchen,
- Spülen und abtrocknen,
- einen Speiseplan erstellen für den Geburtstag eines Familienmitglieds, für einen Sonntag, für ein Fest …

Rezepte

Hinweise zu den Rezepten

Abkürzungen:

Bd. = Bund	TS = Tasse
EL = Esslöffel (gestrichen)	Wl. = Würfel
TL = Teelöffel (gestrichen)	Schb. = Scheibe
Msp. = Messerspitze	Stg. = Stange
Pck. = Päckchen	Stgl. = Stängel
TK = Tiefkühlkost	

Portionen:

Die Rezepte sind, wenn nicht anders angegeben, für 4 Portionen bemessen. Je nach Appetit und Alter können die Rezepte auch für 5 bis 6 Personen reichen, zum Beispiel bei einer Familie mit zwei kleinen Kindern.

Energie- und Nährwertangaben finden Sie beim jeweiligen Rezept, wenn nichts anderes angegeben ist, für jeweils eine Portion berechnet.

Zeitbedarf:

Für die meisten Rezepte brauchen Sie an aktiver Vorbereitungszeit in der Regel nicht mehr als eine halbe Stunde. Back- und Garzeiten, in denen Sie nicht anwesend sein müssen, und Zeiten, in denen Sie Ihrem Kind etwas zeigen und erklären, sind nicht mitgerechnet.

Wenn ein Rezept eine aktive Vorbereitungszeit von ca. 45–60 Minuten benötigt, finden Sie dieses Zeichen ⏱ vor.

Einfriertauglich:

❄ Rezepte mit diesem Hinweis lassen sich gut einfrieren.

Löffelmaße

Lebensmittel	1 Teelöffel (TL) in g	1 Esslöffel (EL) in g
Butter	5	10
Crème fraîche	5	15
Essig	5	10
Frischkäse	–	15
Frischkäse, körnig	–	25
Haferflocken	–	10
Haselnüsse, gemahlen	5	10
Hirsekörner (roh)	–	10
Honig, Ahornsirup	5	10
Kakaopulver	2	5
Käse, gerieben	–	10
Kräuter	2	5
Leinsamen	3	10
Maiskörner (Glas)	–	25
Margarine	5	10
Konfitüre	5	10
Mehl, Vollkornmehl	3	10
Milch	–	15
Müsli	–	10
Nüsse, gehackt	5	10
Öl	5	10

Parmesan	–	10
Quark, mager	10	25
Rosinen	5	15
Sahne, flüssig	–	10
Sahne, geschlagen	–	15
Salz	5	–
Saure Sahne, Joghurt	–	15
Senf	2	10
Sesam	2	5
Sonnenblumenkerne	–	10
Tomatenmark	5	15
Zucker	5	15

Das Volumen beträgt beim Esslöffel ungefähr 15 ml und beim Teelöffel ungefähr 5 ml.

Frühstück

Selbst gebacken:
Brot und Brötchen

Weizenbrötchen

(ca. 16 Stück)

500 g	Weizenvollkornmehl
40 g	Hefe (1 Würfel) oder 1½ Beutel Trockenhefe
2 TL	Jodsalz
350 ml	lauwarmes Wasser
	etwas Mehl zum Kneten

Zum Bestreuen:

Mischung aus 3 EL Sesam, Sonnenblumenkernen,
Haferflocken, Kümmel, Mohn

1. Hefe im Wasser auflösen, Jodsalz zufügen und
   das Mehl einarbeiten. Trockenhefe kann direkt
   mit den Zutaten gemischt werden.

2. Teig einige Minuten kneten (wenig Mehl zum
   Streuen verwenden) und anschließend etwa
   20 Minuten gehen lassen.

3. Währenddessen den Backofen auf 250 °C vorheizen
   und eine Schüssel mit ¼ l kaltem Wasser in den
   Backofen schieben.

4. Außerdem eine kleine Schüssel mit kaltem Wasser,
   einen Backpinsel, Streusamen und Haferflocken
   und ein gefettetes Backblech bereitstellen.

5. Den Teig nach dem Ruhen nochmals kräftig durchkneten.

Tipp: Je länger
der Teig gekne-
tet wird, desto
lockerer werden
die Brötchen. Sie
lassen sich sehr
gut als Vorrat ein-
frieren.

6. Aus dem Teig ein rechteckiges Stück formen und in fünf gleiche Teile schneiden.

7. Jedes Teil rund kneten und vierteln. Brötchen formen, mit Wasser bestreichen und die Oberfläche in die Streusamen tauchen.

8. Brötchen auf das vorbereitete Backblech setzen, nochmals 20 Minuten gehen lassen und anschließend backen.

Backofen: 200 °C **Backzeit:** 20 Min.

Pro Stück: **Energie:** 125 kcal **Fett:** 2 g **Kohlenhydrate:** 21 g **Eiweiß:** 5 g **Ballaststoffe:** 4 g

Möhrenbrötchen

(20 Stück)

500 g	Weizenvollkornmehl
200 g	Roggenvollkornmehl
1 Wl.	Hefe oder 2 Beutel Trockenhefe
2½ TL	Jodsalz
1 EL	Honig
450 ml	lauwarmes Wasser oder Buttermilch
3 EL	Rosinen
500 g	Möhren

1. Frische Hefe in etwas Wasser auflösen und das restliche Wasser oder Buttermilch hinzufügen. Jodsalz und Honig zugeben und nach und nach das Mehl. Trockenhefe kann direkt mit dem Mehl zum Wasser gegeben werden. Mit den Knethaken der Küchenmaschine gut durchkneten. 15–20 Minuten gehen lassen.

2. Möhren schälen, fein reiben und mit den Rosinen zum Teig geben.

3. Da der Teig sehr feucht ist, am besten in einer Muffin-Backform backen. Oder mit einem Löffel auf das Blech setzen.

4. Noch einmal 10 Minuten gehen lassen und anschließend in den vorgeheizten Ofen geben. Etwa 20 Minuten backen.

Tipp: Statt der Rosinen können Sie getrocknete Aprikosen, Sesam oder gehackte Nüsse zugeben.

Backofen: 200 °C **Backzeit:** 20 Min.

Pro Stück: **Energie:** 135 kcal **Fett:** 1 g **Kohlenhydrate:** 25 g **Eiweiß:** 5 g **Ballaststoffe:** 5 g

Rosinenbrötchen

	(16 Stück)
150 g	Magerquark
6 EL	Milch, 1,5 % Fett
6 EL	Rapsöl
80 g	Zucker oder Honig
1 Prise	Vanillemark
2 Prisen	Jodsalz
300 g	Mehl (halb Vollkorn- und halb helles Mehl)
2 TL	Backpulver
5 EL	Rosinen

1. Magerquark mit Milch, Öl, Zucker oder Honig, Vanillemark und Jodsalz verrühren.

2. Mehl und Backpulver zugeben und zu einem geschmeidigen Teig kneten. Mit der Hand die Rosinen untermengen und den Teig zu einer Rolle formen.

3. In 16 gleich große Stücke teilen und zu Brötchen formen.

4. Auf ein gefettetes Backblech legen und im vorgeheizten Ofen auf der mittleren Schiene backen.

Backofen: 200 °C **Backzeit:** 15 Min.

Pro Stück: **Energie:** 135 kcal **Fett:** 4 g **Kohlenhydrate:** 20 g **Eiweiß:** 4 g **Ballaststoffe:** 1 g

Müslibrötchen ❄

(ca. 24 Stück)

80 g	Butter oder Margarine
50 g	Zucker
400 g	Weizen- oder Dinkelvollkornmehl
2 TL	Backpulver
1 TL	Salz
300 ml	Buttermilch
100 g	Müslimischung
	etwas Buttermilch zum Bestreichen und ein wenig Müsli zur Dekoration

1. Butter oder Margarine mit dem Zucker schaumig rühren. Das Mehl mit dem Backpulver, dem Salz und der Buttermilch unterheben und anschließend die Müslimischung einrühren. Weil der Teig sehr feucht ist, am besten mit einem Löffel auf Backpapier setzen, oder in eine Muffin-Backform geben.

2. Die Oberfläche mit dem Löffel etwas glätten, wenig Buttermilch aufstreichen und mit Müsli bestreuen.

Schmeckt gut noch warm aus dem Ofen. Auch mit Konfitüre sehr lecker.

Tipp: Brötchen eignen sich auch gut als Gebäck für den Nachmittag.

Backofen: 180 °C **Backzeit:** 15–20 Min.

Pro Stück: **Energie:** 105 kcal **Fett:** 4 g **Kohlenhydrate:** 15 g **Eiweiß:** 3 g **Ballaststoffe:** 2 g

Schwarzbrot

(2 Brote, ca. 60 Scheiben)

500 g	Weizenvollkornmehl
250 g	Roggenschrot
300 g	Weizenschrot
50 g	Sonnenblumenkerne
100 g	Sesamkörner
50 g	Leinsamen
1 l	Buttermilch
1½ Wl.	frische Hefe oder 3 Pck. Trockenhefe
175 g	Rübenkraut
1½ EL	Jodsalz

1. Hefe in lauwarmer Buttermilch auflösen und mit den übrigen Zutaten mischen. Trockenhefe kann direkt mit den Zutaten gemischt werden.

2. Mit Knethaken zu einem geschmeidigen Teig verarbeiten.

3. Zwei Kastenformen fetten und den Teig hineingeben. In den kalten Backofen stellen.

Backofen: 150 °C **Backzeit:** 2–2½ Stunden, eventuell nach 1 Stunde mit Alufolie abdecken

Pro Scheibe: **Energie:** 90 kcal **Fett:** 2 g **Kohlenhydrate:** 14 g **Eiweiß:** 3 g **Ballaststoffe:** 4 g

Früchtebrot

(ca. 30 Scheiben)

600 g	säuerliche Äpfel (zum Beispiel Boskop)
100 g	Zucker oder Honig
1 EL	Zitronensaft
200 g	Mandeln, ganz oder gehackt
200 g	Trockenobst, gemischt, klein geschnitten, zum Beispiel Aprikosen, Pflaumen, Rosinen
400 g	Weizenvollkornmehl
1 Pck.	Backpulver
½ TL	Zimt
1 Prise	Nelken
100 ml	Apfelsaft

1. Die gewaschenen Äpfel grob raspeln, mit Zucker oder Honig und dem Zitronensaft vermischen und eine Nacht im Kühlschrank ziehen lassen.

2. Am nächsten Tag alle weiteren Zutaten zu den Äpfeln geben und gut durchmischen.

3. Eine Kastenform mit Backpapier auslegen und den Teig hineingeben.

4. Hände nass machen und Oberfläche glattstreichen.

5. In den kalten Backofen schieben und auf der zweiten Schiene von unten backen.

Achtung: Die Äpfel müssen am Vorabend geraspelt werden!

Backofen: 200 °C **Backzeit:** 45–60 Minuten

Pro Scheibe: **Energie:** 125 kcal **Fett:** 4 g **Kohlenhydrate:** 17 g
Eiweiß: 4 g **Ballaststoffe:** 4 g

Tipp: Statt des schon fertig gemischten Trockenobstes können Sie auch Rosinen und/oder eigene Lieblingsmischungen nehmen.

Blitzbrot

(20 Scheiben)
400 g	Weizenvollkornmehl
100 g	Buchweizenmehl
80 g	Leinsamen
80 g	Sesam
80 g	Sonnenblumenkerne
500 ml	Wasser, lauwarm
1 Wl.	Hefe oder 2 Beutel Trockenhefe
2 TL	Jodsalz
2 EL	Obstessig
1 EL	Rapsöl
	eventuell Sesam oder Leinsamen zum Bestreuen

Tipp: Das Weizenvollkornmehl kann durch Dinkelvollkornmehl ersetzt werden, das Buchweizenmehl durch Weizenmehl.

1. Die Hefe im lauwarmen Wasser auflösen und mit den übrigen Zutaten kräftig durchkneten. Trockenhefe kann direkt mit den Zutaten gemischt werden.

2. Eine Kastenform fetten und nach Belieben mit Sesam oder Leinsamen bestreuen.

3. Den Teig hineinfüllen, 30 Minuten gehen lassen und in den vorgeheizten Backofen stellen. Bei etwa 200 °C ca. 60 Minuten backen.

Backofen: 200 °C **Backzeit:** 60 Minuten

Pro Scheibe: **Energie:** 150 kcal **Fett:** 6 g **Kohlenhydrate:** 18 g **Eiweiß:** 6 g **Ballaststoffe:** 4 g

Herzhafte Brotaufstriche

Basilikum-Tomatenaufstrich

(ca. 20 Portionen)
50 g	getrocknete Tomaten
200 g	Frischkäse
100 g	Magerquark
½ Bd.	Basilikum
	Jodsalz, Pfeffer

1. Die Tomaten kurz mit kochendem Wasser überbrühen, damit sie weich werden.

2. Basilikum und Tomaten fein hacken, mit den übrigen Zutaten verrühren und mit den Gewürzen abschmecken.

Energie: 40 kcal **Fett:** 3 g **Kohlenhydrate:** 1 g **Eiweiß:** 2 g
Ballaststoffe: 0 g

Tipp: Mit Joghurt oder Sahne verdünnt eignet sich der Aufstrich auch als Dip und schmeckt köstlich zu Pellkartoffeln.

Schnelle Paprikacreme

(ca. 20 Portionen)
1	gelbe Paprika
1	rote Paprika
100 g	Frischkäse
100 g	Magerquark
2 EL	Ajvar (Paprika-Auberginen-Paste)
	Jodsalz, Pfeffer

Gewaschene Paprika in kleine Würfel schneiden. Die übrigen Zutaten verrühren, Paprika hinzugeben und mit den Gewürzen abschmecken.

Energie: 25 kcal **Fett:** 2 g **Kohlenhydrate:** 1 g **Eiweiß:** 1 g
Ballaststoffe: 0 g

Apfel-Curry-Brotaufstrich

(ca. 20 Portionen)
2	Äpfel, ca. 300 g
4	Frühlingszwiebeln
200 g	Frischkäse
1 TL	Curry
	etwas Zitronensaft, Pfeffer

1. Die Äpfel raspeln und mit Zitronensaft beträufeln. Die Frühlingszwiebeln in feine Ringe schneiden.

2. Alles mit dem Frischkäse vermischen und mit Curry, Zitronensaft und Pfeffer abschmecken.

Pro Portion: **Energie:** 45 kcal **Fett:** 3 g **Kohlenhydrate:** 3 g
Eiweiß: 1 g **Ballaststoffe:** 1 g

Süße Brotaufstriche

Konfitüre

(75 Portionen à 20 g)

1 kg	vorbereitete Früchte, zum Beispiel frische Erdbeeren, Johannisbeeren, Himbeeren, Nektarinen, Pfirsiche oder Pflaumen
500 g	Zucker
10 g	Pektin oder 3 TL Agar-Agar als Geliermittel
	Saft einer halben Zitrone

Am besten kombinieren Sie säuerliche mit sehr süßen Früchten, zum Beispiel Johannisbeeren mit Erdbeeren. Sie können ganze Früchte kochen oder auch eine homogene, pürierte Konfitüre herstellen. Werden die ausgelesenen, vorbereiteten Früchte püriert, so braucht man sie mit dem Geliermittel nur 2–3 Minuten aufzukochen. Ganze Früchte werden durch längeres Kochen weich und erst dann mit dem Geliermittel vermischt.

Nach dem Aufkochen die Konfitüre in sterile Schraubdeckelgläser füllen. Zum Sterilisieren erhitzt man Gläser und Deckel für ca. 30 Minuten im 180 °C heißen Backofen. Die fertige Konfitüre in die noch warmen Gläser füllen und zum Abkühlen auf den Kopf stellen. Das so entstandene Vakuum schützt auch vor Verderb. Nach dem Öffnen die Konfitüre im Kühlschrank aufbewahren und innerhalb von 2 bis 3 Wochen verbrauchen.

pro Portion: **Energie:** 30 kcal **Fett:** 0 g **Kohlenhydrate:** 7 g **Eiweiß:** 0 g **Ballaststoffe:** 0 g

Fruchtaufstrich

(ca. 20 Portionen)

300 g Obst, zum Beispiel Erdbeeren, Sauerkirschen, Aprikosen, Pflaumen, Johannisbeeren

50 g Zucker oder Honig

eventuell Vanillemark, Zimt oder andere Gewürze

1. Früchte waschen, putzen und im Mixer fein pürieren. Zucker oder Honig zugeben und mit den Gewürzen abschmecken.

2. In saubere Gläser füllen. Im Kühlschrank ist der Fruchtaufstrich etwa 2 Wochen haltbar.

pro Portion: **Energie:** 15 kcal **Fett:** 0 g **Kohlenhydrate:** 3 g **Eiweiß:** 0 g **Ballaststoffe:** 0 g

Nuss-Nougatcreme

(ca. 20 Portionen)

100 g weiche Butter

100 g gemahlene Nüsse, zum Beispiel Haselnüsse oder Mandeln

2 EL Kakaopulver

1 EL Honig

1 Msp. Vanille

Die Butter schaumig rühren, alle weiteren Zutaten zufügen und vermischen. Abschmecken und eventuell noch etwas Honig beigeben.

Pro Portion: **Energie:** 75 kcal **Fett:** 7 g **Kohlenhydrate:** 1 g **Eiweiß:** 1 g **Ballaststoffe:** 1 g

Müslis

Grundrezept Müslimischung

(ca. 35 Portionen)

500 g	Getreideflocken (Weizen, Hafer, Gerste, Hirse)
100 g	Sonnenblumenkerne
100 g	Leinsamen
100 g	Sesam
150 g	Rosinen
50 g	Kürbiskerne
	gehackte Nüsse nach Belieben
	Kokosflocken nach Geschmack

Die Zutaten mischen und in einer Vorratsdose aufbewahren.

Energie: 115 kcal **Fett:** 5 g **Kohlenhydrate:** 13 g **Eiweiß:** 4 g
Ballaststoffe: 3 g

Fruchtmüsli

(1 Portion)

3 EL	Müslimischung
150 g	Obst nach Jahreszeit (1 bis 2 Stück)
150 g	Milch oder Joghurt, 1,5 % Fett

Die Müslimischung mit dem gewaschenen und zerkleinerten Obst und dem Milchprodukt verrühren.

Energie: 280 kcal **Fett:** 8 g **Kohlenhydrate:** 41 g **Eiweiß:** 10 g
Ballaststoffe: 6 g

Knuspermüsli

	(12 Portionen)
200 g	Haferflocken (kernig)
50 g	Sonnenblumenkerne
50 g	Kokosraspeln
50 g	Mandeln, gehackt
2 Msp.	Zimt
2 Msp.	Vanille, gemahlen
2 EL	Pflanzenöl
1 EL	Honig
6 EL	Rosinen

1. Haferflocken mit Sonnenblumenkernen, Kokosraspeln und Mandeln mischen.

2. Zimt und Vanille zufügen.

3. Öl und Honig in einer Pfanne erhitzen und kurz aufkochen.

4. Die Flockenmischung hineingeben und schnell verrühren, dann ca. 5 Minuten goldgelb rösten. Die Rosinen zugeben und unterrühren; bei kleiner Hitze noch 5 Minuten mitrösten.

5. Müsli abkühlen lassen. In einem Schraubdeckelglas aufbewahren.

6. Je nach Geschmack später noch Obst der Saison dazugeben.

Das Müsli hält sich im Schraubglas einige Wochen.

Tipp: Anstelle von Haferflocken können Sie auch Weizenflocken nehmen.

Energie: 170 kcal **Fett:** 9 g **Kohlenhydrate:** 17 g **Eiweiß:** 5 g
Ballaststoffe: 3 g

Milchmix mit Haferflocken

2	Bananen
150 g	Joghurt
500 ml	Milch, 1,5 % Fett
8 EL	Haferflocken

Bananen, Joghurt, Milch und Haferflocken
mit Pürierstab oder Standmixer verrühren,
eventuell mit 1 EL Kokosflocken, etwas Vanille
oder ½ TL Zimt abschmecken.

Energie: 195 kcal **Fett:** 4 g **Kohlenhydrate:** 30 g **Eiweiß:** 9 g
Ballaststoffe: 3 g

Tipp: Schmeckt
auch sehr gut
mit frischen Bee-
ren der Saison
oder einem Rest
Smoothie
(→Seite 212).

Salate, Dressings, Dips

Salate

Bunter Bohnensalat mit Schafskäse

200 g	gekochte Bohnen (zum Beispiel Kidneybohnen, weiße Bohnen)
700 g	Rohkost nach Jahreszeit (zum Beispiel ½ Gurke, 2 Tomaten, 1 Paprika, ½ Eisbergsalat)
1	Zwiebel
100 g	Schafskäse
2 EL	Olivenöl
2 EL	Essig
	Paprika, Pfeffer, Jodsalz

1. Das Gemüse waschen.

2. Gurke schälen und in Würfel schneiden. Paprika in Streifen schneiden, Tomaten achteln, vom Eisbergsalat die Blattrippen entfernen. Die Zwiebeln in feine Ringe, den Schafskäse in Würfel schneiden.

3. Aus Öl, Essig und den Gewürzen eine Marinade bereiten.

4. Eine Schale mit den Eisbergsalatblättern belegen.

5. Die übrige Rohkost mit den Bohnen, den Zwiebeln, dem Schafskäse und der Marinade vermengen und auf dem Salat anrichten.

⊕ Dazu passt: Vollkornbrot, -brötchen

Tipp: Wer's milder mag, kann statt Schafskäse auch einen anderen Käse, zum Beispiel Gouda, nehmen.

Gut geeignet für Feste!

Energie: 190 kcal **Fett:** 11 g **Kohlenhydrate:** 11 g **Eiweiß:** 10 g **Ballaststoffe:** 7 g

Eisbergsalat mit Orangen

1	kleiner Eisbergsalat
2	Orangen
100 ml	Sahne
	Saft von ½ Zitrone
	Jodsalz, Pfeffer
1 EL	gehackte Sonnenblumenkerne

1. Salat waschen und zerkleinern, grobe Blattrippen entfernen.

2. Orangen in kleine Stücke schneiden. Aus Sahne, Zitronensaft und den Gewürzen eine Marinade bereiten und mit Eisbergsalat und Orangen vermischen.

3. Mit Sonnenblumenkernen bestreuen und servieren.

Tipp: Anstelle von Orangen eignen sich auch Birnen oder Erdbeeren, je nach Geschmack und Jahreszeit.

Energie: 125 kcal **Fett:** 9 g **Kohlenhydrate:** 8 g **Eiweiß:** 3 g **Ballaststoffe:** 2 g

Grünkernsalat

	(6 Portionen)
200 g	Grünkern
300 ml	Wasser
	Gemüsebrühe für 300 ml
½ TL	Jodsalz
6 EL	Essig
6 EL	Rapsöl
4 EL	frischer Thymian oder
2 EL	getrockneter Thymian

1	grüne Paprika
1	rote Paprika
2 Stg.	Lauch
2	rote Zwiebeln
200 g	Bergkäse oder mittelalter Gouda
	frisch gemahlener Pfeffer

1. Den Grünkern 6–10 Stunden in 300 ml Wasser einweichen.

2. Die Gemüsebrühe hinzugeben und die Körner etwa 10 Minuten bei schwacher Hitze kochen.

3. Den Grünkern auf der ausgeschalteten Kochplatte 10 bis 20 Minuten quellen lassen (beim Gas- oder Induktionsherd etwas länger kochen und dann nachquellen lassen).

4. Jodsalz, Essig und Öl verrühren und mit dem Thymian unter das lauwarme Getreide geben.

5. Paprika und Lauch waschen. Paprikaschoten und Zwiebeln würfeln, Lauch in sehr feine Streifen schneiden.

6. Den Käse grob reiben und zusammen mit dem Gemüse und gemahlenem Pfeffer unter den Grünkern mischen.

Tipp: Für Feste gut geeignet!

Energie: 340 kcal **Fett:** 20 g **Kohlenhydrate:** 25 g **Eiweiß:** 14 g
Ballaststoffe: 6 g

Möhren-Apfel-Rohkost

1	Zitrone
1 EL	Honig
4	Möhren
4	saure Äpfel
250 g	Joghurt oder Dickmilch, 1,5 % Fett
	Jodsalz, Pfeffer

1. Saft einer Zitrone mit Honig verrühren.

2. Möhren schälen, Äpfel gründlich waschen, beides grob raspeln und unter den Zitronensaft mischen.

3. Den Joghurt oder die Dickmilch über den Salat gießen und alles mit Jodsalz und Pfeffer abschmecken.

Energie: 135 kcal **Fett:** 1 g **Kohlenhydrate:** 27 g **Eiweiß:** 3 g
Ballaststoffe: 5 g

Kartoffelsalat

750 g	Kartoffeln
2	Zwiebeln
1	kleine Salatgurke
4	Tomaten
1	rote oder gelbe Paprika
150 g	saure Sahne, 10 % Fett
150 g	Joghurt, 1,5 % Fett
1 EL	Essig
1 TL	Senf
2–3 EL	gemischte Kräuter, frisch oder tiefgekühlt
	Pfeffer, Paprika, Jodsalz

1. Kartoffeln als Pellkartoffeln garen, pellen, in Scheiben schneiden.

2. Zwiebeln fein würfeln, Salatgurke schälen und in feine Scheiben schneiden.

3. Tomaten und Paprika waschen, Tomaten achteln, Paprika in Würfel schneiden.

4. Aus saurer Sahne, Joghurt, Essig, Senf, Kräutern und Gewürzen eine Soße rühren und mit dem Gemüse und den Kartoffeln mischen.

Tipp: Auf die gleiche Art lässt sich auch ein Nudelsalat zubereiten, zum Beispiel mit Vollkorn-Spiralnudeln.

⊕ Dazu passt: Vollkornbrot oder -brötchen, ergibt dann ein komplettes Abendessen

Energie: 240 kcal **Fett:** 8 g **Kohlenhydrate:** 33 g **Eiweiß:** 7 g **Ballaststoffe:** 5 g

Rohkostplatte Sommer

1 Kopfsalat
1 Lollo rosso
½ Gurke
1 kleine rote Paprika
1 kleine gelbe Paprika
2 Tomaten
1 Zucchini

1. Bei Kopfsalat und Lollo rosso grobe Blattrippen entfernen und die Blätter abspülen, Gurke waschen und in Scheiben schneiden.

2. Paprika waschen und in Streifen schneiden.

3. Tomaten waschen und achteln.

4. Zucchini waschen und grob raspeln.

5. Eine Platte mit den Salatblättern belegen, die übrigen zerkleinerten Gemüsearten in Gruppen darauf anrichten.

Tipp: Sie können geröstete Sonnenblumenkerne oder Sesam über die angerichtate Rohkostplatte streuen.

Gut geeignet für Feste!

 Dazu passt: Joghurt-Kräutersoße (⤍ Seite 142), Rote Soße (⤍ Seite 145)

Energie: 60 kcal **Fett:** 1 g **Kohlenhydrate:** 8 g **Eiweiß:** 4 g **Ballaststoffe:** 5 g

Rohkostplatte Winter

ca. 90 g Feldsalat
1 Endiviensalat
2 Möhren
200 g Sellerie
1 Rote Bete, frisch oder aus dem Vakuumbeutel

1. Feldsalat und Endiviensalat waschen. Endiviensalat in Streifen schneiden, Möhren, Sellerie und frische Rote Bete schälen und grob oder fein raspeln, je nach Vorliebe. Rote Bete aus dem Vakuumbeutel braucht nicht geschält zu werden.

2. Alles auf einer Platte nett anrichten, zum Beispiel in Streifen.

⊕ Dazu passt: Joghurt-Nusssoße (⸱⸱⸱⸱⸱⸱⸱› Seite 143)

Energie: 45 kcal **Fett:** 0 g **Kohlenhydrate:** 7 g **Eiweiß:** 3 g
Ballaststoffe: 5 g

Tipp: Wer's kräftiger mag, kann einen Teil der Möhren durch Sellerie ersetzen.

Gut geeignet für Feste!

Rote-Betesalat

500 g	Rote Bete, frisch oder vorgegart aus dem Vakuumbeutel
3	säuerliche Äpfel
1 EL	Zitronensaft
150 g	Joghurt, 1,5 % Fett
	eventuell Jodsalz
1 EL	Sonnenblumenkerne oder Haselnüsse, grob gehackt

1. Rote Bete waschen und etwa 45 Minuten bei geringer Hitze garen; schälen und in kleine Würfel schneiden. Rote Bete aus dem Vakuumbeutel braucht nicht gekocht zu werden.

2. Äpfel waschen und raspeln, mit Zitronensaft beträufeln.

3. Mit Joghurt und Roter Bete vermischen und je nach Geschmack mit Jodsalz würzen.

Tipp: Statt Äpfeln passen auch Birnen hervorragend dazu.

4. Die Sonnenblumenkerne oder Haselnüsse über die Rohkost streuen.

Energie: 135 kcal **Fett:** 1 g **Kohlenhydrate:** 26 g **Eiweiß:** 4 g **Ballaststoffe:** 5 g

Couscous-Salat

250 g	Couscous
250 ml	Gemüsebrühe (aus Instant-Gemüsebrühe herstellen)
1 Bd.	glatte Petersilie
3	Frühlingszwiebeln
½	Salatgurke
2	Tomaten
1	reife Avocado
1	Zitrone (Bio)
6 EL	Olivenöl
	Salz und Pfeffer

1. Den Couscous mit heißer Gemüsebrühe übergießen und 10 Minuten quellen lassen.

2. Die Blätter der Petersilie abzupfen, waschen und fein schneiden. Frühlingszwiebeln, Salatgurke und Tomaten waschen und in Ringe und Würfel schneiden.

3. Reife Avocado halbieren, entkernen und beide Hälften schälen. Fruchtfleisch in mundgerechte Stücke schneiden.

Tipp: Schmeckt auch gut mit gehackten Walnüssen oder Mandeln.

4. Unbehandelte Zitrone gut waschen, etwas Schale abreiben und Saft auspressen. Aus Zitronensaft, Olivenöl und Zitronenschale ein Dressing herstellen und mit Pfeffer abschmecken.

5. Couscous mit Petersilie und allen übrigen Zutaten vermischen und mit Dressing übergießen. Zum Schluss mit Salz abschmecken.

Energie: 470 kcal **Fett:** 25 g **Kohlenhydrate:** 51 g **Eiweiß:** 9 g
Ballaststoffe: 9 g

Dressings

Joghurt-Kräutersoße

150 g	Joghurt, 1,5 % Fett
2 EL	Magerquark
1 TL	Senf
3 EL	frische oder gehackte TK-Kräuter (Petersilie, Schnittlauch, Dill, Zitronenmelisse, Kerbel, Liebstöckel)
	Jodsalz, Pfeffer

1. Joghurt und Magerquark zu einer sämigen Soße verrühren.

2. Senf und (ggf.) gewaschene Kräuter zugeben und mit den Gewürzen abschmecken.

⊕ Passt zu: allen Gemüsearten

Energie: 30 kcal **Fett:** 1 g **Kohlenhydrate:** 2 g **Eiweiß:** 3 g
Ballaststoffe: 0 g

Joghurt-Nusssoße

200 g	Joghurt, 1,5 % Fett
1 EL	Zitronensaft
2–3 EL	Petersilie oder Dill
2–3 EL	Haselnüsse, gemahlen

Joghurt mit Zitronensaft, gewaschenen Kräutern und Nüssen verrühren.

✚ Passt zu: Möhren, Chicorée, Chinakohl, Eisbergsalat, Endiviensalat, Staudensellerie, Blumenkohl

Energie: 70 kcal Fett: 5 g Kohlenhydrate: 3 g Eiweiß: 3 g
Ballaststoffe: 0 g

Kräutervinaigrette

1 EL	Rapsöl oder Olivenöl
1 EL	Gemüsebrühe
1 EL	Essig
1½ TL	Senf
2 EL	frische oder gehackte TK-Kräuter (zum Beispiel Schnittlauch, Petersilie, eventuell Zitronenmelisse) Jodsalz, Pfeffer eventuell 1 zerdrückte Knoblauchzehe

Alle Zutaten gut verrühren.

✚ Passt zu: allen grünen Blattsalaten wie Kopfsalat, Endivie oder Feldsalat

Energie: 30 kcal Fett: 3 g Kohlenhydrate: 0 g Eiweiß: 0 g
Ballaststoffe: 0 g

Körnersoße

2 TL Leinsamen
2 TL Sesam
2 TL Sonnenblumenkerne
2 EL Essig
3 EL Rapsöl
1 TL Honig
3 EL Joghurt, 1,5 % Fett
       Jodsalz, Pfeffer

1. Leinsamen, Sesam und Sonnenblumenkerne trocken in einem Topf bei geschlossenem Deckel anrösten (sonst springen Sesamsamen und Leinsamen heraus) und abkühlen lassen.

2. Aus Essig, Öl, Honig, Joghurt und den Gewürzen eine Marinade bereiten, die angerösteten Samen dazugeben.

⊕ Passt zu: fein geraspeltem Weißkohl, Chinakohl, Kohlrabi und Möhren

Energie: 105 kcal **Fett:** 9 g **Kohlenhydrate:** 3 g **Eiweiß:** 2 g
Ballaststoffe: 1 g

Rote Soße

150 g	Joghurt, 1,5 % Fett
100 g	saure Sahne, 10 % Fett
1 EL	Tomatenmark
1 EL	Essig
1–2	Knoblauchzehen
1 TL	frischer oder tiefgekühlter Dill oder Schnittlauch
	Pfeffer, Cayennepfeffer
	eventuell Jodsalz

1. Joghurt und saure Sahne verrühren.

2. Knoblauch zerdrücken, die Kräuter waschen und hacken.

3. Tomatenmark, Essig, Knoblauch, Dill oder Schnittlauch zugeben.

4. Die Soße mit den Gewürzen pikant abschmecken.

➕ Passt zu: allen Blattsalaten, Tomaten, Gurken, Paprika

Energie: 75 kcal **Fett:** 5 g **Kohlenhydrate:** 3 g **Eiweiß:** 2 g
Ballaststoffe: 0 g

Tipp: Jede Soße kann auch auf Vorrat hergestellt werden. In einem gut verschlossenen Gefäß im Kühlschrank hält sie sich 3 bis 4 Tage.

Dips

Grundmasse Dips

500 g Joghurt, 1,5 % Fett
500 g Magerquark

Joghurt und Magerquark miteinander verrühren und für die weitere Zubereitung auf drei Schälchen verteilen.

Roter Dip

1 EL Tomatenmark
2 EL Sahne
Jodsalz, Pfeffer, Paprika, Honig

1. Ein Drittel der Grundmasse mit Tomatenmark und Sahne verrühren.

2. Mit Pfeffer, Jodsalz und Paprika, eventuell etwas Honig abschmecken.

3. Mit Paprikapulver bestreuen.

Energie: 70 kcal **Fett:** 2 g **Kohlenhydrate:** 5 g **Eiweiß:** 7 g
Ballaststoffe: 0 g

Kräuterdip

je 1 Bd.	Petersilie und Schnittlauch
	Jodsalz, Pfeffer

1. Petersilie und Schnittlauch waschen, klein schneiden und unter die Grundmasse im zweiten Schälchen mischen.

2. Mit Jodsalz und Pfeffer abschmecken.

3. Mit einem Zweig Petersilie garnieren.

Energie: 60 kcal **Fett:** 1 g **Kohlenhydrate:** 4 g **Eiweiß:** 8 g
Ballaststoffe: 1 g

Eierdip

2	hart gekochte Eier
2 TL	mittelscharfer Senf
	Tabasco, Honig, Pfeffer

1. Die Eier würfeln und bis auf einen kleinen Rest zum Garnieren unter die Grundmasse im dritten Schälchen geben.

2. Mit Tabasco, Honig, Pfeffer und Senf abschmecken.

3. Vor dem Servieren mit Ei garnieren und mit Pfeffer bestreuen.

Energie: 90 kcal **Fett:** 3 g **Kohlenhydrate:** 5 g **Eiweiß:** 10 g
Ballaststoffe: 0 g

Zaziki

250 g	Magerquark
150 g	Joghurt, 1,5 % Fett
1	Salatgurke
1 EL	Olivenöl
2 EL	gehackte Kräuter (Schnittlauch, Kerbel, Liebstöckel)
1	Knoblauchzehe
	Jodsalz, Pfeffer
1 Prise	Chilipulver

1. Magerquark und Joghurt verrühren.

2. Die Salatgurke schälen und in die Quarkmasse raspeln.

3. Olivenöl, Kräuter und die zerdrückte Knoblauchzehe untermischen und mit den Gewürzen abschmecken.

✚ Passt zu: einem bunten Rohkostteller, Kartoffeln

Energie: 95 kcal **Fett:** 3 g **Kohlenhydrate:** 6 g **Eiweiß:** 10 g
Ballaststoffe: 1 g

Avocadocreme

2	Avocados, reif
2 EL	Joghurt, 1,5 % Fett
1	Knoblauchzehe
	Jodsalz, Pfeffer, Zitronensaft

1. Avocados halbieren, Fruchtfleisch herauslösen und in ein hohes Gefäß geben.

2. Avocados mit etwas Zitronensaft, dem Joghurt, der Knoblauchzehe und Jodsalz und Pfeffer mit dem Pürierstab pürieren.

⊕ Die Creme gelingt auch, wenn man die Avocados mit der Gabel zerdrückt und den Knoblauch durch die Knoblauchpresse gibt.

Energie: 155 kcal **Fett:** 14 g **Kohlenhydrate:** 4 g **Eiweiß:** 2 g
Ballaststoffe: 5 g

Hauptgerichte

Suppen

Grundrezept Gemüsesuppe

600 g	Gemüse, zum Beispiel Blumenkohl, Brokkoli, Möhren und Zucchini, Kohlrabi, Spargel oder auch eine Gemüsemischung
1	Zwiebel oder
1 Stg.	Lauch
¼	Sellerieknolle
1 EL	Rapsöl
750 ml	Gemüsebrühe
100 ml	Sahne
	Jodsalz, Pfeffer, Muskat
	Schnittlauch oder Petersilie
4 Schb.	Vollkornbrot
1 TL	Rapsöl

1. Gemüse je nach Sorte teilen oder schälen, waschen und schneiden. Zwiebel würfeln oder Lauch putzen, waschen und schneiden.

2. Sellerie schälen, klein schneiden und im Öl anbraten.

3. Gemüse und Brühe zu Zwiebel/Lauch und Sellerie zufügen und würzen.

4. Im geschlossenen Topf 15 Minuten kochen und die Sahne zugeben. Suppe im Mixer oder mit dem Schneidstab pürieren.

5. Mit Schnittlauchröllchen oder Petersilie garnieren.

Tipp: Kocht man 2–3 Kartoffeln mit, wird die Suppe auch ohne Sahne cremig.

6. Brot würfeln, in einer Pfanne im Rapsöl anbraten und separat zur Suppe reichen.

Energie: 295 kcal **Fett:** 16 g **Kohlenhydrate:** 28 g **Eiweiß:** 8 g **Ballaststoffe:** 10 g

Erbsencremesuppe

250 g	gelbe Erbsen, geschält
1¼ l	Gemüsebrühe
100 g	Crème fraîche
	Jodsalz, Pfeffer, Muskat
1 EL	Rapsöl
2 Schb.	Weizenvollkornbrot
	Schnittlauchröllchen

1. Erbsen in der Gemüsebrühe ca. 1 Stunde garen und dann pürieren.

2. Crème fraîche und Gewürze zufügen und herzhaft abschmecken.

Tipp: Statt mit Brotwürfeln können Sie die Suppe auch mit trocken angerösteten Sesam- und Sonnenblumenkernen servieren.

3. Das in Würfel geschnittene Brot im Öl anbraten und zusammen mit den gewaschenen Schnittlauchröllchen zur Suppe servieren.

Wenn Sie Tiefkühlerbsen verwenden, beträgt die Kochzeit nur 15 Minuten.

Energie: 400 kcal **Fett:** 16 g **Kohlenhydrate:** 41 g **Eiweiß:** 19 g **Ballaststoffe:** 15 g

Kartoffelsuppe

3 Stg.	Lauch
1,2 kg	Kartoffeln (mehligkochend)
2	Knoblauchzehen
3 EL	Sonnenblumenöl
200 ml	Milch, 1,5 % Fett
100 ml	Sahne
	Salz, Pfeffer, geriebener Muskat
3 EL	Balsamico bianco oder Weißweinessig

1. Lauch putzen, waschen und in feine Ringe schneiden.

2. Kartoffeln schälen, waschen, grob würfeln.

3. Knoblauch schälen und fein hacken.

4. Öl in einem großen Topf erhitzen. Lauch, Kartoffeln und Knoblauch darin unter Rühren andünsten. Bei mittlerer Hitze ca. 20 Minuten kochen lassen.

5. Milch und Sahne zugeben und noch mal 5–6 Minuten weiter kochen lassen.

6. Suppe mit dem Pürierstab fein pürieren und mit Salz, Pfeffer, Muskat und Balsamico oder Weißweinessig abschmecken.

Energie: 375 kcal **Fett:** 17 g **Kohlenhydrate:** 45 g **Eiweiß:** 9 g **Ballaststoffe:** 5 g

Dieses Rezept belegte beim Wettbewerb **des Projekts „Kita gesund & lecker"** in Nordrhein-Westfalen den **3. Platz.**

Tomatensuppe

400 g	Tomaten
2	Zwiebeln
1 EL	Rapsöl
1 EL	Tomatenmark
300 ml	Gemüsebrühe
½ TL	gehackte Rosmarinnadeln
½ TL	fein gehackter Thymian
1	Knoblauchzehe
	Jodsalz, Pfeffer
4 EL	Sahne
3 EL	Parmesankäse, gerieben

Tipp: Die Suppe schmeckt auch sehr gut mit einer Reiseinlage. Dazu ca. 100 g Naturreis garen und vor dem Servieren zugeben.

1. Tomaten kurz mit kochendem Wasser abbrühen, enthäuten und würfeln.

2. Zwiebeln fein hacken und in Öl glasig dünsten. Tomaten und Tomatenmark zugeben und mitdünsten.

3. Gemüsebrühe, Kräuter, gepresste Knoblauchzehe zufügen und 10 Minuten garen.

4. Mit Jodsalz und Pfeffer abschmecken.

5. Vor dem Servieren Sahne unterrühren und mit Parmesankäse bestreuen.

Energie: 130 kcal **Fett:** 10 g **Kohlenhydrate:** 5 g **Eiweiß:** 4 g
Ballaststoffe: 2 g

Gelbe Linsensuppe

3	Zwiebeln
2–3	Möhren
2–3	Kartoffeln
150 g	gelbe Linsen
750 ml	Gemüsebrühe
1 TL	Kurkuma
2 TL	Öl
1 EL	Tomatenmark
1 EL	Olivenöl
1 Stgl.	frische Pfefferminze oder 2 EL getrocknete Pfefferminze
	Saft einer ½ Zitrone
	Salz, Pfeffer

1. Zwiebeln, Möhren und Kartoffeln schälen und klein schneiden und Gemüsebrühe (Instant) vorbereiten.

2. Kurkuma in Öl kurz anbraten, dann Zwiebeln, Möhren und nach und nach Kartoffeln zugeben, mit der Gemüsebrühe auffüllen. Anschließend die Linsen zufügen und ca. 30 Minuten köcheln lassen.

3. Zwischenzeitlich das Tomatenmark in Öl kurz anbraten. Zur Suppe hinzufügen.

4. Pfefferminzblätter abzupfen, klein schneiden und zur Suppe geben. Mit Salz, Pfeffer und Zitronensaft abschmecken.

➕ Nicht verwendete frische Pfefferminze schmeckt als Tee oder kann geschnitten gut eingefroren werden.

Energie: 260 kcal **Fett:** 9 g **Kohlenhydrate:** 30 g **Eiweiß:** 12 g
Ballaststoffe: 11 g

Dieses Rezept belegte beim Wettbewerb **des Projekts „Kita gesund & lecker"** in Nordrhein-Westfalen den **1. Platz.**

Kürbissuppe

400 g	Hokkaido-Kürbis
2	Möhren
2	Kartoffeln
1 Stg.	Lauch
2 EL	Rapsöl
1 l	Gemüsebrühe
100 g	Crème fraîche
	Jodsalz, Pfeffer zum Abschmecken

1. Kürbis waschen, in Spalten schneiden, dabei die Kerne entfernen und die Spalten in Würfel schneiden.

2. Möhren und Kartoffeln schälen und klein schneiden, Lauch putzen, waschen und in feine Streifen schneiden.

3. Rapsöl in einem Topf erhitzen und nach und nach Lauch, Möhren, Kartoffeln und Kürbis zufügen. Mit Gemüsebrühe ablöschen und ca. 20 Minuten köcheln lassen.

4. Anschließend die Suppe mit dem Pürierstab pürieren und mit Crème fraîche, Jodsalz und Pfeffer abschmecken.

Tipp: Die Suppe schmeckt auch mit Curry sehr gut. Dazu ca. 1 TL Curry im Rapsöl rösten, dann erst den Lauch, die Möhren, die Kartoffeln und den Kürbis zufügen.

➕ Für eine Kürbissuppe können verschiedene Kürbisarten verwendet werden. Hokkaido-Kürbis wird mit der Schale gegart. Bei anderen Kürbisarten wie zum Beispiel Butternuss wird die Schale vor dem Kochen entfernt.

Energie: 245 kcal **Fett:** 16 g **Kohlenhydrate:** 19 g **Eiweiß:** 5 g **Ballaststoffe:** 7 g

Aufläufe

Grundrezept Gemüseauflauf

1 kg Kartoffeln
1 kg Gemüse, zum Beispiel Blumenkohl, Tomaten, Champignons und Zwiebeln, Brokkoli und Möhren, Pastinaken, Möhren und Kohlrabi oder andere Arten und Kombinationen
1 EL Rapsöl
Jodsalz, Pfeffer

Für die Soße:

1 EL Vollkornmehl
250 ml Milch, 1,5 % Fett
50 ml Sahne
3 EL Käse, gerieben, zum Beispiel Emmentaler, Gouda, Mozzarella
Schnittlauch
Jodsalz, Pfeffer, Muskat

Zum Bestreuen:

5 EL Käse, gerieben, zum Beispiel Emmentaler, Gouda, Mozzarella
4 EL Sesam oder Sonnenblumenkerne oder gehobelte Mandeln

1. Kartoffeln mit Schale kochen, pellen, in Scheiben schneiden und in eine Auflaufform setzen.

2. Gemüse je nach Auswahl waschen, putzen, in mundgerechte Stücke schneiden oder teilen. Bei der Verwendung von Zwiebeln diese erst in Rapsöl andünsten, dann das geschnittene Gemüse zufügen und etwa 10 Minuten dünsten.

Tipp: Käsereste lassen sich sehr gut reiben und zum Überbacken verwenden.

Übrig gebliebene Portionen lassen sich gut einfrieren.

3. Je nach Gemüseart eventuell etwas Wasser zufügen, damit es nicht anbrennt.

4. Mit Salz und Pfeffer abschmecken.

5. Für die Soße Vollkornmehl in einem Topf mit der kalten Milch verquirlen und 4–5 Minuten köcheln.

6. Mit Sahne, geriebenem Käse und den Gewürzen abschmecken.

7. Gemüse auf die Kartoffeln geben und Soße darübergießen. Mit Käse und Körnern bestreuen und im vorgeheizten Backofen backen.

Backofen: 180 °C **Backzeit:** 20–30 Minuten

Energie: 410 kcal **Fett:** 17 g **Kohlenhydrate:** 44 g **Eiweiß:** 18 g **Ballaststoffe:** 7 g

Fenchel-Tomatenauflauf

1 kg	Kartoffeln
1	Zwiebel
2	große Fenchelknollen
1 EL	Rapsöl
3–4	Fleischtomaten
	Salz, Pfeffer zum Würzen
100 ml	Sahne
100 ml	Milch 1,5 % Fett
100 g	kräftiger Käse, zum Beispiel Bergkäse, gerieben

1. Kartoffeln mit Schale kochen und anschließend pellen.

2. Zwiebel klein schneiden.

3. Fenchelknollen vierteln, den Strunk entfernen und in feine Streifen schneiden.

4. Erst Zwiebelwürfel und dann Fenchelstreifen salzen und in Rapsöl kurz dünsten (insgesamt ca. 10 Min.).

5. Pellkartoffeln und Tomaten in dünne Scheiben schneiden, schuppenförmig in Auflaufform setzen und salzen, Fenchelgemüse darüber schichten.

6. Sahne und Milch verrühren, über den Auflauf geben und zum Schluss mit dem Käse bestreuen.

Backofen: 200 °C **Backzeit:** 30 Minuten

Energie: 395 kcal **Fett:** 19 g **Kohlenhydrate:** 39 g **Eiweiß:** 15 g
Ballaststoffe: 6 g

Rosenkohlauflauf

600 g	Rosenkohl
600 g	Kartoffeln
1 EL	Butter oder Margarine
1 EL	Weizenvollkornmehl
200 ml	Milch, 1,5 % Fett
	Muskat, Jodsalz
50 g	Käse, zum Beispiel Gouda, gerieben
	Fett für die Auflaufform

Tipp: Anstelle von Rosenkohl eignen sich auch Kohlrabischeiben oder Blumenkohl.

1. Rosenkohl putzen, waschen und in etwas Wasser bissfest dünsten. Kochwasser aufheben. Kartoffeln mit Schale garen.

2. Weizenvollkornmehl in Butter oder Margarine anschwitzen, Rosenkohl-Kochwasser (ca. 50 ml) und Milch zugeben und zu einer sämigen Soße verrühren; kurz aufkochen lassen, mit Muskat und Jodsalz würzen.

3. Kartoffeln pellen, in Scheiben schneiden und in die gefettete Auflaufform geben.

4. Rosenkohl darauf schichten, mit Muskat und Jodsalz bestreuen und darüber die Soße gießen.

5. Mit Käse bestreuen und im Backofen überbacken.

❂ **Dazu passt:** Möhren-Apfel-Rohkost (⤳ Seite 136) oder ein gemischter Salat

Backofen: 200 °C **Backzeit:** 30 Minuten

Energie: 225 kcal **Fett:** 7 g **Kohlenhydrate:** 27 g **Eiweiß:** 12 g **Ballaststoffe:** 7 g

Grundrezept
Nudelauflauf mit Gemüse

300 g	Vollkornnudeln, zum Beispiel Penne, Farfalle, Spiralen o. Ä.
800 g	Gemüse, zum Beispiel Fenchel und Tomaten, Zucchini und Möhren, Tomaten, Champignons oder andere Gemüsearten und Kombinationen
1	Zwiebel
1 EL	Olivenöl
	Salz und Pfeffer

Für die Soße:

2	Eier
200 g	saure Sahne
125 ml	Milch, 1,5 % Fett
	etwas Thymian, Oregano oder andere Kräuter, Jodsalz, Pfeffer
100 g	Käse, gerieben, zum Beispiel Emmentaler, Gouda, Mozzarella

1. Nudeln in reichlich Salzwasser kochen und nach dem Abschütten mit kaltem Wasser übergießen, damit sie nicht kleben.

2. Gemüse waschen und putzen und in mundgerechte Stücke schneiden oder teilen.

3. Zwiebel klein schneiden und in Olivenöl anschwitzen, dann geschnittenes Gemüse zufügen und ca. 10 Minuten zusammen dünsten.

4. Gekochte Nudeln in eine Auflaufform geben, gedünstetes Gemüse darüber schichten.

Tipp: Übrig gebliebene Portionen lassen sich gut einfrieren oder am nächsten Tag verwenden.

5. Aus den Eiern und der sauren Sahne mit Milch, Gewürzen und Kräutern eine Soße anrühren und über den Auflauf geben.

6. Mit Käse bestreuen und im vorgeheizten Backofen backen.

Backofen: 180 °C **Backzeit:** 20–30 Minuten

Energie: 555 kcal **Fett:** 25 g **Kohlenhydrate:** 56 g **Eiweiß:** 24 g **Ballaststoffe:** 12 g

Nudel-Spinatauflauf

250 g	Nudeln, zum Beispiel Spiralen
800 g	Spinat (TK)
2	Knoblauchzehen
2–3	Tomaten
1 EL	Rapsöl
4	Zwiebeln
250 ml	Milch, 1,5 % Fett
1 EL	Vollkornmehl
	Gemüsebrühe
50 g	Käse, gerieben, zum Beispiel Gouda, Emmentaler, Bergkäse
	Jodsalz, Pfeffer
	eventuell Muskat

1. Nudeln kochen.

2. Spinat auftauen lassen und mit Jodsalz, Pfeffer, eventuell Muskat und den klein geschnittenen Knoblauchzehen würzen.

3. Tomaten waschen, klein schneiden und zum Spinat geben.

4. Mehl in der kalten Milch glatt rühren.

5. Zwiebeln im Öl bräunen, die Milch-Mehl-Mischung hinzugeben und 2 Minuten unter Rühren aufkochen. Mit Gemüsebrühe, Jodsalz, Pfeffer und Muskat würzen.

6. Nudeln und Gemüse in eine Auflaufform geben, die Zwiebel-Milch hinzufügen, den geriebenen Käse darüber streuen und das Ganze im Backofen backen.

⊕ Dazu passt: frischer Salat

Backofen: 180 °C **Backzeit:** 20–30 Minuten

Energie: 385 kcal **Fett:** 9 g **Kohlenhydrate:** 54 g **Eiweiß:** 20 g
Ballaststoffe: 8 g

Tipp: 250 g Rindergehacktes oder Lachsfilet kurz anbraten, würzen und in den Auflauf geben oder statt Nudeln Kartoffeln oder Reis verwenden.

Kürbislasagne

500 g	Hokkaido-Kürbis
2	Zwiebeln
2 EL	Olivenöl
	Salz, Cayennepfeffer
½ TL	Zimt
1 TL	Thymian, gehackt
500 g	passierte Tomaten
200 ml	Gemüsebrühe
250 ml	Milch, 1,5 % Fett
	Muskat, gerieben
50 ml	kaltes Wasser
2 EL	Mehl
100 g	Bergkäse, gerieben
100 g	Parmesan, gerieben
150 g	Lasagneblätter

1. Kürbis waschen, halbieren und entkernen. Das Kürbisfleisch in kleine Würfel schneiden.

2. Die Zwiebeln würfeln.

3. Zwiebeln und Kürbis in Olivenöl andünsten. Mit Salz, Cayennepfeffer, Zimt und Thymian würzen.

4. Passierte Tomaten und ein Drittel der Gemüsebrühe hinzugießen und 10 Minuten schmoren.

5. Milch und restliche Brühe mit Salz und Muskat aufkochen.

6. Das Mehl in kaltem Wasser verrühren und mit einem Schneebesen unter die heiße Flüssigkeit rühren, bis die gewünschte Sämigkeit erreicht ist.

7. Je die Hälfte der beiden Käse dazugeben.

8. Kürbissoße, Käsesoße und Lasagneblätter abwechselnd in eine Auflaufform schichten und den restlichen Käse darüber streuen. In den vorgeheizten Ofen schieben.

Backofen: 200 °C **Backzeit:** 20 Minuten

Energie: 530 kcal **Fett:** 24 g **Kohlenhydrate:** 50 g **Eiweiß:** 27 g **Ballaststoffe:** 6 g

Wirsing-Quiche

	(6 Portionen)
200 g	Weizenvollkornmehl
1	Ei
150 g	Butter oder Margarine
½ TL	Salz
250 g	Kartoffeln
500 g	Wirsing (½ Kopf)
1	Zwiebel, mittelgroß
2 EL	Rapsöl
1 EL	saure Sahne
	Jodsalz, Pfeffer und Muskat
100 g	Käse, zum Beispiel Mozzarella, gerieben
150 g	Joghurt, 1,5 % Fett
3–4 EL	Milch, 1,5 % Fett

Tipp: Übrig gebliebener Wirsing ist auch ein guter Ersatz für Kürbis bei der Kürbislasagne. Dann das Tomatenpüree weglassen und etwas mehr von der hellen Soße zubereiten.

1. Aus Weizenvollkornmehl, Ei und Butter einen Teig kneten und kalt stellen.

2. Kartoffeln mit der Schale kochen und anschließend pellen.

3. Zwiebel klein schneiden.

4. Wirsing vierteln, den Strunk entfernen und in feine Streifen schneiden, danach waschen.

5. Zwiebel in Rapsöl braten und nach und nach den Wirsing dazugeben. Eventuell etwas Wasser hinzufügen, damit es nicht anbrennt.

6. Wirsing ca. 15 Minuten dünsten und mit saurer Sahne, Jodsalz, Pfeffer und Muskat abschmecken.

7. Teig ausrollen oder einfach so in eine Springform drücken, gedünsteten Wirsing darauf verteilen. Obenauf die in Scheiben geschnittenen Kartoffeln legen.

8. Quiche mit der Soße aus Joghurt und Milch übergießen und mit dem Käse bestreuen.

Backofen: 180 °C **Backzeit:** 30–35 Minuten

Energie: 430 kcal **Fett:** 29 g **Kohlenhydrate:** 29 g **Eiweiß:** 12 g
Ballaststoffe: 6 g

Gemüse-, Hülsenfrüchte- und Getreidegerichte

Gemüserisotto

200 g	Risottoreis
400 ml	Wasser
1	Zwiebel
1 TL	Rapsöl
2	Möhren
150 g	Mais
200 g	TK-Erbsen
2 EL	frische gehackte Kräuter
½ TL	Curry
	Jodsalz
100 g	Frischkäse
50 g	Parmesan, gerieben

1. Den Reis in einem Sieb abspülen. Wasser erhitzen.

2. Die Zwiebel fein hacken und in heißem Öl glasig dünsten, Reis zugeben, kurz mitdünsten, dann mit dem heißen Wasser ablöschen, alles bei kleiner Hitze ca. 25 Minuten kochen lassen.

3. Mais, Erbsen und die geschälten und grob geraspelten Möhren zu dem Risotto geben und noch 10 Minuten mitgaren.

4. Kräuter, Curry, Jodsalz und Frischkäse unter den Risotto rühren. Vor dem Servieren mit Parmesan bestreuen.

➕ **Dazu passt:** Rohkostplatte (⤑ Seite 138)

Energie: 410 kcal **Fett:** 14 g **Kohlenhydrate:** 54 g **Eiweiß:** 16 g
Ballaststoffe: 6 g

Gefüllte Zucchini

1 kg	Zucchini
100 g	Weizenschrot (oder Dinkel- bzw. Grünkernschrot)
250 ml	Gemüsebrühe
1	Zwiebel
1	Knoblauchzehe
50 g	Sonnenblumenkerne
1 TL	Rapsöl
½ TL	Oregano
	Paprika, Pfeffer, Jodsalz
	Fett für die Auflaufform
50 g	Käse, gerieben

1. Zwiebel klein schneiden.

2. Zucchini waschen, halbieren und aushöhlen, in kochendem Wasser zwei Minuten blanchieren.

3. Inzwischen das Innere der Zucchini zerkleinern und mit der Zwiebel, der zerdrückten Knoblauchzehe und den Sonnenblumenkernen im Öl andünsten.

4. Weizenschrot zugeben und kurz mitdünsten. Mit den Gewürzen kräftig abschmecken.

5. Zucchini mit der Getreidemasse füllen und in eine gefettete, feuerfeste Form setzen, mit dem geriebenem Käse bestreuen. In den Backofen schieben.

➕ Dazu passt: Naturreis, Tomatensoße (⤑ Seite 195)

Tipp: Anstelle von Weizenschrot kann man auch gebratenes Hackfleisch oder Couscous verwenden.

Backofen: 200 °C **Backzeit:** 30 Minuten

Energie: 265 kcal **Fett:** 11 g **Kohlenhydrate:** 26 g **Eiweiß:** 14 g
Ballaststoffe: 6 g

Möhren-Kräutertarte

(12 Stück, 3 pro Portion)

100 g	Dinkel- oder Weizenvollkornmehl
50 ml	Rapsöl
100 g	Käse, zum Beispiel mittelalter Gouda, Emmentaler oder Bergkäse, gerieben
2	Zwiebeln
2	Knoblauchzehen
3	Eier
	Jodsalz, Pfeffer
3	Möhren
½ Bd.	Petersilie oder 2 EL getrocknete oder TK- Petersilie
1 Bd.	Schnittlauch oder 4 EL getrockneter oder TK-Schnittlauch

1. Mehl, Rapsöl, geriebenen Käse, klein geschnittene Zwiebeln, zerdrückte Knoblauchzehen, Eier, geschälte und grob geraspelte Möhren, Gewürze und gewaschene Kräuter zu einem Teig verrühren.

2. In eine gefettete Tortenform geben und in den kalten Backofen stellen.

Tipp: Anstelle von Möhren können Sie auch Zucchini oder eine Mischung aus Möhren und Zucchini verwenden.

Backofen: 160–170 °C **Backzeit:** 35–45 Minuten

Energie: 345 kcal **Fett:** 22 g **Kohlenhydrate:** 21 g **Eiweiß:** 14 g **Ballaststoffe:** 5 g

Grünkernbraten mit Tomatensoße

	(6 Portionen)
200 g	Grünkernschrot
1	Möhre
1 Stg.	Lauch
2 TL	Rapsöl
625 ml	Gemüsebrühe
50 g	Mandeln, gemahlen
2	Eier
75 g	Gouda, gerieben
2 EL	Weizenvollkornmehl
3 EL	Tomatenmark
100 g	Schmand
	Jodsalz, Pfeffer, Paprika

1. Möhre schälen und würfeln. Lauch waschen, in feine Streifen schneiden.

2. 1 Teelöffel Öl erhitzen und den Grünkernschrot darin andünsten. Das Gemüse zugeben, kurz mitdünsten und mit 375 ml Gemüsebrühe auffüllen. Zugedeckt bei geringer Hitze 20 Minuten ausquellen lassen.

3. Mandeln, Eier und Käse unter die Grünkernmasse mischen und mit Jodsalz und Pfeffer würzen.

4. Eine Auflaufform fetten und den Teig hineingeben. Auf der zweiten Einschubleiste von unten backen.

5. Für die Tomatensoße 1 Teelöffel Öl erhitzen, Mehl und Tomatenmark einrühren. Mit der restlichen Gemüsebrühe und dem Schmand auffüllen und 5 Minuten köcheln lassen.

6. Mit den Gewürzen abschmecken.

➕ **Dazu passt:** (Pell-)Kartoffeln, Brokkoli oder Blumenkohl

Backofen: 200 °C **Backzeit:** 40–45 Minuten

Energie: 330 kcal **Fett:** 18 g **Kohlenhydrate:** 27 g **Eiweiß:** 13 g
Ballaststoffe: 6 g

Grundrezept Eintopf mit Hülsenfrüchten

250 g	getrocknete Hülsenfrüchte, zum Beispiel Bohnen, Linsen, Erbsen
1 l	Wasser zum Einweichen
oder:	500 g Hülsenfrüchte aus der Konserve, zum Beispiel weiße Bohnen oder Kidneybohnen
500 g	Gemüse, zum Beispiel Suppengemüse wie Sellerie, Lauch, Möhren oder Petersilienwurzel, Kohlrabi, Pastinake
2	Lorbeerblätter
	Gemüsebrühe
	Jodsalz, Pfeffer, Essig
1 Bd.	Petersilie und Schnittlauch

1. Trockenhülsenfrüchte am besten über Nacht in Wasser einweichen.

2. Die Hülsenfrüchte mit den Lorbeerblättern rund 60–70 Minuten kochen. Alternativ können Sie die Hülsenfrüchte kurz aufkochen und dann für etwa 1 Stunde quellen lassen.

3. In der Zwischenzeit Gemüse waschen und klein schneiden. Nach ca. 40 Minuten zu den Hülsenfrüchten geben und noch 20 Minuten köcheln.

4. Mit der Gemüsebrühe, den Gewürzen, den gewaschenen und geschnittenen Kräutern und dem Essig abschmecken.

➊ Wenn es einmal schnell gehen muss, kaufen Sie bereits eingeweichte Hülsenfrüchte als Konserve. Achten Sie dabei auf die Zutatenliste!

➊ Linsen und kleine Bohnen benötigen nur ca. 30 Minuten Garzeit, je nach Sorte.

➊ Geschälte Hülsenfrüchte wie zum Beispiel Erbsen können ohne Einweichen gegart werden.

Tipp: Nicht eingeweichte Hülsenfrüchte haben eine lange Garzeit. Im Schnellkochtopf reduziert sich die Garzeit etwa um die Hälfte.

Energie: 210 kcal **Fett:** 1 g **Kohlenhydrate:** 30 g **Eiweiß:** 16 g **Ballaststoffe:** 14 g

Weißer Bohneneintopf

	(6 Portionen)
500 g	weiße getrocknete Bohnen
2 l	Wasser
6	Zwiebeln
1½	rote Paprika
5	Knoblauchzehen
2 EL	Rapsöl
3	Lorbeerblätter
1 TL	Rosmarin
300 g	Crème fraîche
4 EL	Tomatenmark
	Jodsalz, Cayennepfeffer

1. Bohnen über Nacht in 2 Liter Wasser einweichen.

2. Zugedeckt 1 Stunde bei schwacher Hitze garen.

3. Zwiebeln schälen und in Längsspalten schneiden. Paprika waschen und in Streifen schneiden.

4. Das Öl in einem großen Topf erhitzen und die Zwiebel- und Paprikastreifen mit dem zerdrückten Knoblauch zugeben und andünsten.

5. Mit Rosmarin, Salz und Cayennepfeffer kräftig würzen. Die Bohnen mit dem Bohnenwasser zufügen. Crème fraîche und Tomatenmark unterrühren und auf die unterste Schiene im Backofen schieben.

Backofen: 175 °C **Backzeit:** 90 Minuten

Energie: 420 kcal **Fett:** 19 g **Kohlenhydrate:** 37 g **Eiweiß:** 20 g
Ballaststoffe: 21 g

Getreide-Gemüsebratlinge

	(12 Stück, 3 pro Portion)
100 g	Getreideschrot (Grünkern, Weizen, Naturreis oder Hirse)
400 ml	Gemüsebrühe
2	Lorbeerblätter
2	Eier
1	Möhre, geraspelt
½ Stg.	Lauch (in Streifen)
4 EL	Weizenvollkornmehl oder Vollkornsemmelbrösel
1	Zwiebel, gehackt
	Jodsalz, Pfeffer
4 EL	Petersilie, gehackt
2 EL	Rapsöl

1. Getreideschrot mit Lorbeerblättern in der Gemüsebrühe aufkochen und ca. 15–20 Minuten bei geringer Hitze ausquellen lassen. Dabei gut rühren.

2. Eier, Mehl oder Brösel, Pfeffer, Salz, Möhren, Lauch, Zwiebel und Petersilie untermengen. Pikant abschmecken.

3. Die Masse abkühlen lassen.

4. Mit feuchten Händen etwa 12 Bratlinge formen oder mit einem Esslöffel kleine Häufchen in die Pfanne drücken. Erst wenden, wenn die Seite goldgelb gebraten ist.

⊕ **Dazu passt:** Rohkostsalat

Energie: 235 kcal **Fett:** 10 g **Kohlenhydrate:** 26 g **Eiweiß:** 9 g **Ballaststoffe:** 5 g

Tipp: Der Teig kann auch auf dem Backblech im Backofen bei 200 °C in 20 Minuten abgebacken werden.

Polenta

(6 Portionen)
350 ml	Milch, 1,5 % Fett
450 ml	Gemüsebrühe
½ TL	Jodsalz
	Muskat
2 EL	Butter
150 g	Maisgrieß

1. Milch, Gemüsebrühe, Jodsalz, Muskat und Butter aufkochen lassen.

2. Vom Herd nehmen und den Maisgrieß mit einem Schneebesen einstreuen. Auf der Kochplatte bei kleiner Hitze etwa 5 Minuten unter häufigem Rühren quellen lassen.

3. Den Brei sofort servieren.

Tipp: Polenta hält sich im Kühlschrank 3–4 Tage.

➕ Alternativ können Sie den frischen Brei in eine gefettete Kastenform geben oder auf ein gefettetes Backblech streichen. Mit einem nassen Löffel die Oberfläche glatt streichen. Erkalten lassen. In Scheiben oder Stücke schneiden. In der Pfanne gebraten, schmeckt die Polenta zu verschiedenen Soßen.

➕ **Dazu passt:** Tomatensoße (⤑ Seite 195), Pilzsoße (⤑ Seite 194)

Energie: 155 kcal **Fett:** 5 g **Kohlenhydrate:** 22 g **Eiweiß:** 5 g **Ballaststoffe:** 2 g

Maisplätzchen

(12 Stück, 3 pro Portion)

2	Eier
8 EL	Maismehl oder Weizenvollkornmehl
½ TL	Koriander
1	Zwiebel
1 Stg.	Lauch
250 g	Mais
2 EL	gehackte Petersilie
	Jodsalz, Pfeffer
2 EL	Rapsöl

1. Die Eier mit dem Mehl verrühren, Koriander zugeben. Zwiebeln schälen und in Würfel schneiden.

2. Lauch waschen und in feine Ringe schneiden und alles mit dem Mais zum Teig geben.

3. Mit Jodsalz und Pfeffer würzen und zum Schluss die gewaschene und gehackte Petersilie unterrühren.

4. Öl in einer Pfanne erhitzen, den Teig löffelweise hineingeben, etwas flachdrücken und die Plätzchen von beiden Seiten goldbraun backen.

✚ Dazu passt: Möhren-Apfel-Rohkost (⟶ Seite 136) oder ein gemischter Salat

Pro Stück: **Energie:** 70 kcal **Fett:** 3 g **Kohlenhydrate:** 7 g
Eiweiß: 3 g **Ballaststoffe:** 2 g

Kartoffelgerichte

Backofenkartoffeln

700 g	Kartoffeln
1 EL	Rapsöl fürs Backblech
	Kräutersalz
	Sesam, Rosmarin, gemahlene Haselnüsse
	nach Belieben

1. Backblech mit 1 Teelöffel Öl fetten.

2. Kartoffeln schälen, halbieren und mit der Schnittfläche nach unten auf das Backblech setzen. Mit dem restlichen Öl bestreichen, mit Salz würzen.

3. Auf Wunsch mit Sesam, Rosmarin, Nüssen oder anderen Zutaten bestreuen.

4. Im Backofen rund 30 Minuten backen.

✚ Backofenkartoffeln schmecken auch am nächsten Tag gut als Bratkartoffeln.

✚ Variante: Schneiden Sie die Kartoffeln in Stifte und würzen Sie sie mit Paprika, dann können Sie sie als Pommes anbieten.

Tipp: Es schmeckt auch sehr gut, wenn Sie über die Kartoffeln Lauch oder Frühlingszwiebeln geben und mitgaren.

Backofen: 200 °C **Backzeit:** 25–35 Minuten

Energie: 140 kcal **Fett:** 3 g **Kohlenhydrate:** 25 g **Eiweiß:** 3 g **Ballaststoffe:** 2 g

Kartoffel-Gemüsepuffer

750 g	Kartoffeln
1 Stg.	Lauch
2	kleine Möhren
2	Zwiebeln
2	Eier
1 TL	Majoran oder Thymian
	Jodsalz
2 EL	Rapsöl zum Braten

1. Kartoffeln und Zwiebeln schälen, fein reiben und vermengen.

2. Möhren schälen und raspeln, Lauch waschen und in feine Streifen schneiden.

3. Gemüse mit den Eiern und Gewürzen unter die Kartoffelmischung rühren.

4. Öl in einer Pfanne erhitzen und nach Belieben große oder kleine Puffer goldbraun braten.

✚ Dazu passt: eine Rohkostplatte (⟶ Seite 138), Obstkompott

Energie: 235 kcal **Fett:** 8 g **Kohlenhydrate:** 31 g **Eiweiß:** 8 g
Ballaststoffe: 6 g

Kartoffelplätzchen mit Käse

(6 Portionen)

800 g	Kartoffeln
150 g	Weizenvollkornmehl, ganz fein gemahlen
100 g	Magerquark
2	Eier
50 g	Gouda, gerieben
3 EL	frische Kräuter
1 EL	Rapsöl zum Braten
	Jodsalz, Pfeffer, Muskat

1. Kartoffeln als Pellkartoffeln kochen, schälen und durch die Kartoffelpresse drücken.

2. Mehl, Quark, Eier, Jodsalz, Pfeffer und Muskat zugeben und gut mischen.

3. Zuletzt den Käse und die Kräuter unterziehen.

4. Kleine Küchlein formen und im heißen Fett auf beiden Seiten goldbraun backen.

Tipp: Die Kartoffelplätzchen schmecken auch gut mit einem pikanteren Käse wie Emmentaler oder mittelaltem Gouda.

 Passt zu: Lachsfilet im Gemüsebett (⟶ Seite 197), Tomatensoße (⟶ Seite 195)

Energie: 245 kcal **Fett:** 7 g **Kohlenhydrate:** 33 g **Eiweiß:** 11 g
Ballaststoffe: 4 g

Pfannkuchen, Pizza und mehr

Grundrezept Pfannkuchen

(8 Stück, 2 pro Portion)

250 g	Weizenvollkornmehl
2	Eier
250 ml	Milch, 1,5 % Fett
250 ml	Wasser
2 EL	Rapsöl zum Braten

1. Weizenvollkornmehl mit Eiern, Milch und Wasser verrühren und 15 Minuten quellen lassen.

2. Öl in einer mittelgroßen Pfanne, ca. 20 cm Durchmesser, erhitzen und den Teig portionsweise hineingeben.

3. Bei mäßiger Hitze von der unteren Seite goldbraun backen, sodass auch die Oberfläche schon fest ist, dann wenden und fertig backen.

Energie: 310 kcal **Fett:** 10 g **Kohlenhydrate:** 41 g **Eiweiß:** 13 g **Ballaststoffe:** 6 g

Apfelpfannkuchen (Variante)

Zusätzlich zu Grundrezept (→Seite 181):
3 Äpfel
Saft von ½ Zitrone
Zimt

1. Teig nach Grundrezept zubereiten.

2. Äpfel gründlich waschen, in dünne Spalten
   schneiden, mit Zitronensaft beträufeln und
   mit Zimt bestreuen, dann beim Backen in den
   Teig drücken.

Energie: 365 kcal **Fett:** 10 g **Kohlenhydrate:** 54 g **Eiweiß:** 13 g
Ballaststoffe: 8 g

Beerenpfannkuchen (Variante)

Zusätzlich zu Grundrezept (→Seite 181):
300 g Beeren, zum Beispiel Himbeeren

1. Teig nach Grundrezept zubereiten.

2. Beeren vorsichtig waschen und nach dem Wenden
   des Pfannkuchens auf eine Hälfte geben, den Pfannkuchen zusammenklappen und mit Puderzucker
   bestreuen.

Energie: 335 kcal **Fett:** 10 g **Kohlenhydrate:** 45 g **Eiweiß:** 14 g
Ballaststoffe: 10 g

Käsepfannkuchen (Variante)

	Zusätzlich zu Grundrezept (→Seite 181):
100 g	Emmentaler, gerieben

1. Teig nach Grundrezept zubereiten.

2. Den Pfannkuchen nach dem Wenden auf einer Hälfte mit etwas geriebenem Käse bestreuen, zusammenklappen und nochmals von jeder Seite kurz bräunen. Zusätzlich kann man auch dünne Tomatenscheiben darauflegen und mit Oregano würzen. Schmeckt auch gut mit geriebenem Parmesan.

Energie: 405 kcal **Fett:** 18 g **Kohlenhydrate:** 41 g **Eiweiß:** 18 g **Ballaststoffe:** 6 g

Spinat-Pfannkuchenrollen

Für die Pfannkuchen:

125 g	Vollkornmehl (Weizen oder Dinkel)
125 ml	Milch, 1,5 % Fett
2	Eier
1 Prise	Jodsalz
1 Prise	Zucker
1 EL	Rapsöl

Für die Füllung:

450 g	Spinat (TK)
2	Tomaten
2	Zwiebeln
1 TL	Rapsöl
1	Knoblauchzehe
	Jodsalz, Pfeffer, Muskat

Für die Soße:
300 ml   Milch, 1,5 % Fett
  1 EL   Vollkornmehl (Weizen, Dinkel oder Reis)
         Gemüsebrühe, Jodsalz, Pfeffer

1. Aus den Pfannkuchenzutaten einen glatten Teig rühren und mindestens 30 Minuten ruhen lassen.

2. In einer beschichteten Pfanne 8 dünne Pfannkuchen backen.

3. Den Spinat auftauen lassen.

4. Tomaten waschen, Zwiebeln schälen und beides klein schneiden. Zwiebelwürfel in 1 Teelöffel Öl anbraten, Tomatenwürfel und aufgetauten Spinat zugeben und mit den Gewürzen und der Knoblauchzehe abschmecken.

5. Für die Soße das Mehl mit der Milch verrühren und rund 5 Minuten köcheln lassen. Mit den Gewürzen abschmecken.

6. Jeden Pfannkuchen mit Spinatmasse belegen, aufrollen und in eine Auflaufform geben. Anschließend mit der Soße bedecken und in den Backofen schieben.

Backofen: 200 °C **Backzeit:** 15 Minuten

Energie: 275 kcal **Fett:** 10 g **Kohlenhydrate:** 30 g **Eiweiß:** 15 g
Ballaststoffe: 6 g

Pfannkuchen-Calzone

Für die Pfannkuchen:

2	Eier
100 g	Weizenvollkornmehl
150 ml	Milch, 1,5 % Fett
½ TS	Mineralwasser
1 Msp.	Jodsalz
1 TL	Oregano
2 EL	Rapsöl zum Braten

Für die Füllung:

100 g	Mais
100 g	Tomaten
100 g	Paprika
4 EL	Käse, gerieben

1. Mit Eiern, Milch und Mehl, Mineralwasser, Salz und Oregano einen Pfannkuchenteig anrühren und 10 Minuten quellen lassen.

2. Tomaten und Paprika waschen und in kleine Stückchen schneiden. Mais aus der Dose in einem Sieb abwaschen. Gemüse mit dem Käse in einer Schüssel mischen.

3. Die Pfannkuchen mit dem Öl in einer Pfanne backen. Nach dem Wenden eine Hälfte des Kuchens mit 2–3 Esslöffel der Gemüsemischung belegen und Pfannkuchen zusammenklappen und fertigbacken.

4. Anschließend auf dem Backblech im Backofen warmhalten, bis alle Pfannkuchen gebacken sind.

Energie: 245 kcal **Fett:** 12 g **Kohlenhydrate:** 22 g **Eiweiß:** 11 g **Ballaststoffe:** 4 g

Dieses Rezept belegte beim Wettbewerb **des Projekts „Kita gesund & lecker"** in Nordrhein-Westfalen den **2. Platz.**

Pizza-Pfannkuchen

100 g	Vollkornmehl (Weizen oder Dinkel)
125 ml	Milch, 1,5 % Fett
2	Eier
1 TL	Rapsöl
4	Zwiebeln
300 g	Tomatenpüree
2	Tomaten
200 g	Champignons
1	gelbe Paprika
1	Knoblauchzehe
75 g	Käse, zum Beispiel Gouda, gerieben
	Jodsalz, Pfeffer, Paprika, Oregano

1. Aus Mehl, Milch, Eiern und einer Prise Jodsalz einen glatten Pfannkuchenteig rühren. Den Backofen auf 200 °C vorheizen.

2. Die gewürfelten Zwiebeln im Öl goldgelb braten und das Tomatenpüree zufügen. Auf kleiner Flamme einige Minuten köcheln lassen und mit Jodsalz, Pfeffer und Paprika würzen. Die gepresste Knoblauchzehe hinzufügen.

3. Gemüse waschen. Tomaten und Champignons in Scheiben und die Paprika in kleine Würfelchen schneiden.

4. Den Pfannkuchenteig auf ein mit Backpapier ausgelegtes Backblech geben und verteilen. 4–5 Minuten vorbacken.

5. Backblech aus dem Ofen nehmen und mit dem Tomatenpüree, dem klein geschnittenen Gemüse und dem geriebenen Käse belegen.

6. Mit Oregano würzen und für weitere 5–7 Minuten in den Backofen geben.

7. In vier Teile schneiden und servieren.

⊕ **Dazu passt:** frischer Salat

Backofen: 200 °C **Backzeit:** insg. 9–12 Minuten

Energie: 305 kcal **Fett:** 11 g **Kohlenhydrate:** 32 g **Eiweiß:** 18 g
Ballaststoffe: 7 g

Pizza

(8 Portionen)

Teig:

200 g	Magerquark
6 EL	Milch, 1,5 % Fett, 90 ml
6 EL	Rapsöl
1	Ei
½ TL	Jodsalz
400 g	Weizenvollkornmehl
1 Pck.	Backpulver
	Öl zum Fetten des Backblechs

Belag:

150 g	Tomatensoße zum Bestreichen (→Seite 195)
1 kg	gemischtes Gemüse (zum Beispiel Zucchini, Paprika, Tomaten, Champignons, Blattspinat)
3–4	dicke Zwiebeln
2	Knoblauchzehen
1 TL	Rapsöl
je 1 TL	Oregano und Majoran
	Jodsalz, Pfeffer
150 g	Käse, zum Beispiel Gouda, gerieben

1. Magerquark, Milch, Ei, Öl und Jodsalz verrühren und mit dem Weizenvollkornmehl sowie dem Backpulver einen glatten Quark-Öl-Teig bereiten und ca. 15 Minuten ausquellen lassen.

2. Den Teig auf einem gefetteten Backblech ausrollen. Klebt der Teig, kann man noch etwas Weizenvollkornmehl zugeben.

3. Für den Belag das Gemüse waschen und zerkleinern (Scheiben, Streifen, Würfel), Zwiebeln schälen und in Scheiben schneiden und mit den zerdrückten Knoblauchzehen in heißem Öl andünsten.

4. Feste oder auch sehr wasserreiche Gemüsestücke können kurz mitgedünstet werden (zum Beispiel Zucchini, Champignons).

5. Die Gewürze zugeben und pikant abschmecken.

6. Tomatensoße und die Gemüsemischung auf dem Teig verteilen und die rohen Gemüsestücke (zum Beispiel Tomatenscheiben, Paprikastreifen) dazugeben. Die Pizza mit geriebenem Käse bestreuen und im Backofen backen.

Backofen: 200 °C **Backzeit:** 20–25 Minuten

Energie: 380 kcal **Fett:** 17 g **Kohlenhydrate:** 37 g **Eiweiß:** 18 g **Ballaststoffe:** 8 g

Bärenstarke Wraps

Einen Wrap zusammenzustellen macht Spaß. Er kann ein Mittagsimbiss sein, wenn es schnell gehen soll, oder auch als Ersatz für ein Schulbrot dienen. Wir haben hier einige Zutaten aufgeführt, die frei variiert werden können. Grundsätzlich gehören ein Aufstrich oder eine Soße und auch Salat in einen Wrap. Die Teigfladen kann man kaufen oder aber stattdessen Pfannkuchen backen und füllen (⸺⸽ Seite 179).

	Zutaten für den Belag (Beispiele):
	einige Blätter Endivien- oder Eisbergsalat oder Rucola
2–3 EL	Avocadocreme (→Seite 149) oder Basilikum-Tomatenaufstrich (→Seite 125)
2–3	Tomatenscheiben
2–3	Gurkenscheiben
½	Paprikaschote, klein geschnitten
2–3	Radieschen, in dünne Scheiben geschnitten
2–3 EL	Mais
2 Schb.	Bratenaufschnitt, zum Beispiel Hähnchenbrust oder Schweinebraten oder
1 Stück	Grünkernbraten (→Seite 171), falls es einen Rest vom Vortag gibt
2–3 EL	Käse, gerieben

1. Fertige Teigfladen kurz im Backofen erhitzen, dann nach Lust und Laune belegen, rollen und in schräge Stücke schneiden.

2. Oder Pfannkuchen nach Grundrezept zubereiten und nach dem Backen füllen und rollen.

Nährwerte variieren je nach Zusammenstellung des Wraps

Soßen für Aufläufe, Kartoffeln, Nudeln, Polenta und anderes

Grundsoße

(6 Portionen)
2 Zwiebeln
2–3 EL Vollkornmehl (Weizen, Dinkel oder Reis)
750 ml Flüssigkeit, zum Beispiel Milch, 1,5 % Fett oder Gemüsebrühe
Jodsalz, Pfeffer, Muskat
weitere Gewürze und Kräuter nach Wahl: Dill, Schnittlauch, Senf, Paprika, Curry

1. Geschälte und fein gewürfelte Zwiebeln und Vollkornmehl ohne Fett in einem Topf rösten, bis es nussig duftet. Flüssigkeit unter Rühren vollständig zugeben und bei kleiner Hitze 4–5 Minuten köcheln lassen.

2. Nach Geschmack würzen.

○ Diese Soße können Sie zu gedünstetem Gemüse oder Aufläufen verwenden. Sie passt auch gut zu Nudel- und Reisgerichten mit Gemüse.

Die Grundsoße hält sich im Kühlschrank mindestens 3 Tage.

Tipp: Mit Reismehl (Bioladen oder Reformhaus) schmeckt die Grundsoße eher neutral und nicht nussig.

Energie: 60 kcal **Fett:** 2 g **Kohlenhydrate:** 7 g **Eiweiß:** 3 g **Ballaststoffe:** 1 g

Gemüsebolognese

2	Zwiebeln
300 g	Champignons
1	Möhre
1	Zucchini
1 Stg.	Lauch
1 EL	Rapsöl
250 ml	Gemüsebrühe
2	Knoblauchzehen
5 EL	Tomatenmark
250 g	Tomatenstücke aus der Dose
	Jodsalz, Pfeffer, Paprika, Curry, Oregano

1. Zwiebeln schälen, Gemüse waschen.
   Alles in kleine Würfel schneiden.

2. Zwiebeln mit Champignons in Öl anbraten,
   bis die Flüssigkeit verdampft ist.

3. Übriges Gemüse zugeben und mit andünsten.

4. Gemüsebrühe und zerdrückte Knoblauchzehen
   zufügen und 15–20 Minuten unter gelegentlichem
   Rühren garen.

5. Zum Schluss Tomatenmark, Tomatenstücke und
   Gewürze zugeben und herzhaft abschmecken.

⊕ Passt zu: Nudeln, Reis oder Kartoffeln

Tipp: Die Bolognese schmeckt auch lecker mit anderen Gemüsen, zum Beispiel Paprika, Auberginen, Erbsen, Mais.

Energie: 100 kcal **Fett:** 4 g **Kohlenhydrate:** 9 g **Eiweiß:** 6 g
Ballaststoffe: 5 g

Käsesoße

3 EL	Butter oder Margarine
3 EL	Vollkornmehl
250 ml	Milch, 1,5 % Fett
250 ml	Wasser
100 g	Käse, zum Beispiel Gouda, gerieben
	Jodsalz, Pfeffer

1. Butter oder Margarine erhitzen, Vollkornmehl auf einmal hinzugeben, anschwitzen und langsam mit Milch und Wasser auffüllen und aufkochen. Dabei kräftig rühren.

2. Den Käse dazugeben und unter geringer Wärmezufuhr langsam schmelzen. Mit Jodsalz und Pfeffer abschmecken.

Tipp: Anstelle von geriebenem Käse können Sie auch Frischkäse nehmen.

➕ **Passt zu:** Nudeln

Energie: 210 kcal **Fett:** 15 g **Kohlenhydrate:** 8 g **Eiweiß:** 8 g **Ballaststoffe:** 1 g

Möhrensoße

5	Möhren
1 EL	Rapsöl
200 ml	Gemüsebrühe
3 EL	Sahne
	Jodsalz, Pfeffer
1 Prise	Zucker

1. Möhren schälen, in Scheiben schneiden und im heißen Öl andünsten. Mit Zucker und Jodsalz würzen.

2. Gemüsebrühe dazugießen und zugedeckt etwa 10–20 Minuten kochen.

3. Die Soße im Mixer oder mit dem Pürierstab pürieren. Sahne unterrühren und noch einmal mit den Gewürzen abschmecken.

✚ Passt zu: gedünstetem Gemüse, Nudeln oder Reis, auch zu gebratenem Fleisch und Fisch

Energie: 95 kcal **Fett:** 6 g **Kohlenhydrate:** 8 g **Eiweiß:** 1 g
Ballaststoffe: 4 g

Pilzsoße

4	Zwiebeln
500 g	Champignons, Austernseitlinge oder Kräutersaiblinge
1 TL	Rapsöl
2 EL	Vollkornmehl
100 g	Sahne oder Crème fraîche
100 ml	Gemüsebrühe
	Jodsalz, Pfeffer, Thymian oder Oregano
	Schnittlauch als Garnitur

1. Zwiebeln schälen und würfeln, Pilze waschen und in Scheiben schneiden.

2. Zwiebeln im Öl anbraten, Pilze zugeben und kurz mitbraten.

3. Mit dem Mehl bestäuben, Sahne oder Crème fraîche und Gemüsebrühe zugeben und etwa 10 Minuten bei kleiner Hitze garen.

4. Mit Jodsalz, Pfeffer und Thymian oder Oregano abschmecken.

5. Nach Geschmack mit gewaschenem Schnittlauch bestreuen.

Tipp: Wer möchte, kann der Soße mit Pfifferlingen, Steinpilzen oder ähnlichen Pilzen eine besondere Note geben.

Wenn es etwas feiner sein soll, kann man die Soße auch pürieren.

✚ Passt zu: Polenta, Nudeln, Reis, Kartoffelplätzchen oder Kartoffelklößen

Energie: 145 kcal **Fett:** 10 g **Kohlenhydrate:** 7 g **Eiweiß:** 6 g **Ballaststoffe:** 3 g

Tomatensoße

600 g	Tomaten
1 EL	Rapsöl
2	Zwiebeln
1 EL	Tomatenmark
1	Knoblauchzehe
	Jodsalz, Basilikum, Oregano, Pfeffer

1. Tomaten kurz mit kochendem Wasser überbrühen, enthäuten und würfeln.

2. Öl erhitzen, geschälte und gewürfelte Zwiebeln darin dünsten.

3. Tomatenwürfel und Tomatenmark zugeben, aufkochen lassen.

4. Mit Knoblauch und den Gewürzen pikant abschmecken.

O Passt zu: Bratlingen, Nudeln, Reis oder als Soße für Pizza und Lasagne

Energie: 55 kcal **Fett:** 3 g **Kohlenhydrate:** 5 g **Eiweiß:** 2 g
Ballaststoffe: 2 g

Tipp: Anstelle von frischen Tomaten können Sie auch geschälte oder stückige Tomaten aus der Konserve nehmen.

Fischgerichte

Fischburger

(10 Portionen)

Fischfrikadellen:

400 g	Fischfilet, zum Beispiel Seelachs
2	altbackene Vollkornbrötchen
	Wasser zum Einweichen
1	Zwiebel
1 Bd.	Dill
2	Eier
	Jodsalz, Pfeffer
3 EL	Weizenvollkornmehl zum Bestäuben
1 EL	Rapsöl zum Braten
10	Vollkornbrötchen

Soße:

200 g	Crème fraîche
1 EL	Essig
	Jodsalz, Pfeffer
	Zitronensaft
2 EL	gehackter Dill
	eventuell etwas Honig

Zum Garnieren:

Salatblätter, Tomaten, Gewürzgurken

1. Die Vollkornbrötchen in Wasser einweichen und ausdrücken.

2. Den Fisch in Stücke schneiden und mit den Brötchen und den anderen Zutaten in der Küchenmaschine oder mit einem Pürierstab pürieren.

3. Mit bemehlten Händen 10 flache Frikadellen formen, in Mehl kurz wenden und im heißen Öl von jeder Seite 5 Minuten braten.

4. Für die Soße alle Zutaten miteinander glatt verrühren.

5. Für die Burger die frischen Vollkornbrötchen aufschneiden, beide Hälften mit der Soße bestreichen, mit Garnitur belegen, die Fischfrikadellen darauflegen und die Brötchen zuklappen.

Energie: 285 kcal **Fett:** 9 g **Kohlenhydrate:** 34 g **Eiweiß:** 16 g **Ballaststoffe:** 5 g

Lachsfilet im Gemüsebett

500 g	Lachsfilet
	Saft einer ½ Zitrone
	Jodsalz, Pfeffer
600 g	Gemüse, zum Beispiel TK-Spinat oder Möhren und Kohlrabi
1	Zwiebel
2 EL	Rapsöl
100 g	Crème fraîche
3 EL	Milch, 1,5 % Fett
	Muskat, Jodsalz
1 EL	Parmesankäse, gerieben

1. Lachsfilet mit Zitronensaft beträufeln, mit Jodsalz und wenig Pfeffer würzen.

2. Spinat auftauen und gehackte Zwiebel in Öl andünsten. Beides in eine feuerfeste Form geben und mit Muskat und Jodsalz würzen.

Oder: Möhren und Kohlrabi schälen und in kleine Würfel schneiden. Zwiebel klein schneiden und zusammen mit den Möhren und dem Kohlrabi im Rapsöl 10 Minuten dünsten, in eine feuerfeste Form geben. Mit Jodsalz und Muskat würzen.

3. Das Lachsfilet auf den Spinat bzw. das Gemüse legen.

4. Crème fraîche, Milch und Parmesankäse verrühren, mit wenig Jodsalz würzen und über das Fischfilet streichen.

5. Im Backofen überbacken.

⊕ Dazu passt: Naturreis oder Kartoffeln, Salat

Backofen: 200 °C **Backzeit:** 15 Minuten

Energie: 460 kcal **Fett:** 32 g **Kohlenhydrate:** 10 g **Eiweiß:** 32 g **Ballaststoffe:** 3 g

Schlemmerfilet

50 g	Semmelbrösel oder ein altes Brötchen
je ½	rote und gelbe Paprika
1 EL	Rapsöl
	Petersilie oder Schnittlauch
	Jodsalz, Pfeffer
800 g	Seelachs oder Seehecht
2 EL	Zitronensaft
1 TL	Rapsöl für das Backblech

1. Paprika waschen und in kleine Würfel schneiden.

2. Semmelbrösel oder eingeweichtes Brötchen, Paprika, Öl, Gewürze und Kräuter zu einer glatten Masse vermengen.

3. Fischfilets trocken tupfen und mit Zitronensaft beträufeln.

4. Eine Auflaufform fetten, den Fisch hineingeben und mit der Paprika-Brösel-Masse bestreichen.

Tipp: Statt der Paprika und der Kräuter 4 EL körnigen Senf und 1–2 EL Honig verwenden.

➕ Statt Paprika können Sie auch klein geschnittene Champignons und Zucchini verwenden.

➕ Dazu passt: Frischer Salat und Backofenkartoffeln (⟶ Seite 178)

Backofen: 200 °C **Backzeit:** 15 Minuten, in den letzten 3–4 Minuten den Backofengrill anstellen

Energie: 250 kcal **Fett:** 6 g **Kohlenhydrate:** 11 g **Eiweiß:** 38 g **Ballaststoffe:** 2 g

Fleischgerichte

Geflügel-Champignonpfanne

400 g	Champignons
200 g	Zwiebeln
1 EL	Rapsöl
200 g	Hähnchenbrustfilet oder Putenbrust
200 ml	Gemüsebrühe
5 EL	Sahne
1 EL	Vollkornmehl
	Jodsalz, Pfeffer, Paprika
	Thymian oder Oregano

1. Champignons waschen und in Scheiben schneiden.

2. Zwiebeln schälen und fein würfeln und in ½ EL Öl dünsten.

3. Champignons zu den Zwiebeln geben und goldgelb anbraten.

4. Zwiebel-Champignon-Gemisch in einen Topf geben.

Tipp: Eine andere Geschmacksnote ergibt sich, wenn man statt der Sahne 3 EL Tomatenmark an das gebratene Fleisch gibt. Mit der Gemüsebrühe auffüllen und weiter nach Rezept verfahren.

5. Das Fleisch klein würfeln und im restlichen Öl anbraten, würzen und zu den Champignons und Zwiebeln geben.

6. Mit Gemüsebrühe und Sahne auffüllen und nach Wunsch mit dem Mehl andicken. Dazu das Mehl in 50 ml kaltem Wasser anrühren und zum Fleisch geben.

7. Noch einmal mit den Gewürzen abschmecken.

⊕ Dazu passt: Reis, Nudeln oder Kartoffeln und frischer Salat

Energie: 165 kcal **Fett:** 8 g **Kohlenhydrate:** 5 g **Eiweiß:** 17 g
Ballaststoffe: 3 g

Gulasch mit Gemüse

300 g	Schnitzelfleisch vom Schwein, Putenfleisch oder Hähnchenbrust
1 EL	Rapsöl
4	Zwiebeln
3	Möhren
100 g	Sellerie
1 EL	Vollkornmehl
300 ml	Gemüsebrühe
	Jodsalz, Pfeffer, Paprika

1. Fleisch in kleine Würfel schneiden und im Öl anbraten.

2. Geschälte und klein gewürfelte Zwiebeln zufügen und leicht bräunen.

3. Möhren und Sellerie schälen, in Würfel schneiden und zufügen. Kurz mit andünsten und mit Mehl bestäuben, rühren und dann die Gemüsebrühe und die Gewürze zufügen.

4. Ein Geflügelgulasch ist nach rund 20 Minuten fertig. Wird Schweinefleisch verwendet, dauert es etwas länger, bis das Fleisch schön zart ist.

Tipp: Das Gulasch schmeckt auch mit anderem Gemüse gut, zum Beispiel Zucchini, Champignons oder einer Gemüsemischung.

⊕ **Dazu passt:** Nudeln, Naturreis oder Kartoffeln und Tomatensalat

Energie: 165 kcal **Fett:** 5 g **Kohlenhydrate:** 9 g **Eiweiß:** 20 g **Ballaststoffe:** 4 g

Paprikafrikadellen

(8 Stück, 2 pro Portion)

je ½	rote und gelbe Paprika
200 g	Zwiebeln
400 g	Rindergehacktes
1	Ei
1	altbackenes Brötchen oder 50 g Paniermehl
1 TL	Senf
	Jodsalz, Pfeffer, Paprika
	nach Geschmack: Oregano
1 EL	Rapsöl

1. Paprika waschen, Zwiebeln schälen. Beides in sehr kleine Würfel schneiden und mit den übrigen Zutaten zu einem glatten Teig verrühren.

2. Mit feuchten Händen 8 kleine Bällchen formen und im Öl von jeder Seite etwa 5 Minuten braten.

◯ Dazu passt: Reis und ein frischer Salat

Pro Stück: **Energie:** 145 kcal **Fett:** 7 g **Kohlenhydrate:** 8 g **Eiweiß:** 12 g **Ballaststoffe:** 2 g

Tipp: Als Soße für den Reis kann die Grundsoße (→Seite 190) serviert werden, in die Sie klein gewürfelte Paprika und Champignons geben.

Möhren-Frikadellen: Statt der Paprika können Sie auch klein geriebene Möhren zum Rindergehackten geben.

Champignon-Frikadellen: 400 g Champignons klein schneiden und in 1 TL Rapsöl braten, bis die Flüssigkeit verdampft ist. Dann zum Rindergehackten geben und weiter nach Rezept verfahren.

Bereiten Sie immer die gesamte Menge zu und frieren Sie die übrig gebliebenen Frikadellen ein.

Süßspeisen und Desserts

Süßspeisen und Desserts

Apfel-Quarkauflauf

4	Äpfel
	Saft einer Zitrone
2	Eier
50 g	Zucker oder Honig
250 g	Magerquark
2 EL	Weizenvollkornmehl
½ TL	Zimt
	Butter zum Fetten der Auflaufform

1. Äpfel gründlich waschen und grob raspeln, mit Zitronensaft beträufeln.

2. Eier trennen, Eigelb mit Honig oder Zucker, Quark und Weizenvollkornmehl verschlagen.

3. Die Apfelmasse unterheben und mit Zimt abschmecken.

4. Eiweiß zu steifem Schnee schlagen und locker unter die Quark-Apfelmasse heben.

5. Alles in eine gefettete, feuerfeste Form geben und im Backofen überbacken.

Backofen: 180 °C **Backzeit:** 20–25 Minuten

Energie: 225 kcal **Fett:** 3 g **Kohlenhydrate:** 35 g **Eiweiß:** 13 g
Ballaststoffe: 3 g

DESSERTS

Streuselauflauf mit Birne

(8 Portionen)
1 kg	Birnen
3 EL	Honig (oder 2 EL Zucker)
1 TL	Zimt
5 EL	Rosinen
100 ml	Apfelsaft

Für die Streusel:
150 g	Weizenvollkornmehl
90 g	Butter oder Margarine
50 g	Zucker oder Honig

1. Birnen waschen, Kerngehäuse entfernen und Birnen in Spalten schneiden.

2. Eine Auflaufform fetten, die Birnenspalten und die übrigen Zutaten hineingeben.

3. Aus den Streuselzutaten Streusel kneten und auf die Birnenmasse geben.

4. Im Backofen backen.

⊕ Dazu passt: Vanilleeis oder Vanillesoße

Backofen: 200 °C **Backzeit:** 30 Minuten

Energie: 270 kcal **Fett:** 10 g **Kohlenhydrate:** 42 g **Eiweiß:** 3 g
Ballaststoffe: 6 g

Bratäpfel

4	säuerliche Äpfel (zum Beispiel Boskop, Cox Orange)
	Saft einer ½ Zitrone
1–2 TL	Zucker oder Honig
3 EL	Rosinen
½ TL	Zimt
2 Schb.	Vollkornbrot

1. Äpfel gründlich waschen, vom Kerngehäuse befreien und in eine feuerfeste Form setzen.

2. Äpfel mit Zitronensaft beträufeln; in jeden ausgehöhlten Apfel ½ Teelöffel Zucker oder Honig geben, darauf 1 TL Rosinen, mit Zimt bestreuen.

3. Das Vollkornbrot in kleine Streifen schneiden und zwischen den Äpfeln verteilen.

4. Die Bratäpfel im Backofen backen.

➊ **Dazu passt:** heiße Vanillesoße oder Vanilleeis

Backofen: 180 °C **Backzeit:** 15 Minuten

Energie: 160 kcal **Fett:** 0 g **Kohlenhydrate:** 36 g **Eiweiß:** 3 g
Ballaststoffe: 5 g

Obstsalat Sommer

700 g frisches Obst, zum Beispiel Johannisbeeren,
Himbeeren, Erdbeeren, Bananen, Aprikosen,
Pfirsiche, Nektarinen, Honigmelone
Saft einer Zitrone
2 EL Mineralwasser
eventuell 1 TL Zucker oder Honig

1. Das Obst je nach Art waschen, putzen, zerkleinern:
Johannisbeeren entstielen, Erdbeeren vierteln,
Bananen in Scheiben, Aprikosen, Pfirsiche, Nektarinen in kleine Stücke schneiden. Aus der Honigmelone mit einem Ausstecher oder Teelöffel kugel-
förmige Stücke ausstechen.

2. Das Obst mischen, mit Zitronensaft beträufeln.

3. Mineralwasser unterrühren und bei Bedarf
mit Zucker oder Honig abschmecken.

Energie: 105 kcal **Fett:** 1 g **Kohlenhydrate:** 21 g **Eiweiß:** 2 g
Ballaststoffe: 4 g

Quarkknödel

	(4 Portionen)
250 g	Magerquark
2	Eier
1 EL	Honig (oder 1 EL Zucker)
	Zitronenschale, unbehandelt
1 Msp.	Vanille, gemahlen
50 g	Vollkorngrieß
	Wasser, gesalzen
2 EL	Butter
60 g	Vollkornbrösel
1 EL	Honig (oder 1 EL Zucker)
	Salz

1. Magerquark mit Eiern, Honig oder Zucker, Vanille, Salz und abgeriebener Zitronenschale verrühren.

2. Grieß unterrühren.

3. Die Quarkmasse abgedeckt 2–3 Stunden in den Kühlschrank stellen.

4. Aus der gut gekühlten Masse mit einem Esslöffel ca. 16 Knödel ausstechen, mit angefeuchteten Händen ein wenig rollen, damit sie schön rund und glatt werden.

5. Knödel in leicht kochendes Salzwasser legen und bei geschlossenem Deckel ca. 10 Minuten ziehen lassen, je nach Größe der Knödel.

6. Inzwischen in einer Pfanne die Butter zerlassen, die Brösel mit dem Honig oder Zucker dazugeben und leicht bräunen lassen.

Tipp: Die Knödel schmecken auch gut mit 2–3 EL Rosinen im Teig.

Wenn Sie Quarkknödel als süße Hauptspeise anbieten möchten, verdoppeln Sie einfach die Mengen für 2 Knödel pro Portion.

7. Die Knödel mit einem Schaumlöffel aus dem Wasser heben, gut abtropfen lassen und in den Butterbröseln wälzen.

➕ **Dazu passt:** eine Fruchtsoße. Verwenden Sie dazu z. B. ein Smoothie-Rezept und nehmen weniger Obstsaft dazu, damit die Soße nicht zu flüssig wird.

Pro Stück: **Energie:** 230 kcal **Fett:** 8 g **Kohlenhydrate:** 23 g **Eiweiß:** 15 g **Ballaststoffe:** 3 g

Obstsalat Winter

1	Orange
1	Grapefruit
1	Apfel
1	Banane
2	Kiwis
	Saft einer Zitrone
2 EL	gehackte Haselnüsse oder Walnüsse
	eventuell 1 TL Zucker oder Honig
2 EL	Mineralwasser

1. Orange, Grapefruit und gewaschenen Apfel in kleine Stücke schneiden, Banane in Scheiben, Kiwi in halbe Scheiben schneiden.

2. Zitronensaft, Nüsse, Mineralwasser und bei Bedarf 1 Teelöffel Zucker oder Honig unter das Obst mischen.

Tipp: Anstelle der Nüsse können Sie auch Granatapfelkerne verwenden.

Energie: 115 kcal **Fett:** 4 g **Kohlenhydrate:** 17 g **Eiweiß:** 2 g **Ballaststoffe:** 3 g

Sahnige Quarkcreme mit Früchten (Trifle)

10	Kekse oder 2 Stücke trockener Kuchenrest
250 g	Magerquark
100 ml	Sahne
500 g	Erdbeeren
1 EL	Zucker

1. Erdbeeren waschen, putzen und in Stücke schneiden.

2. Sahne mit dem Zucker steif schlagen und unter den Quark heben.

3. Kekse oder Kuchen zerkrümeln, den Boden von Gläsern oder einer kleinen Auflaufform damit bedecken.

4. Darüber die Quarkcreme und anschließend die Früchte geben. Wiederholen und weitere Schichten einfüllen.

5. Obenauf einige Krümel oder Früchte zur Dekoration auflegen. Kühl stellen.

Tipp: Dieser Nachtisch lässt sich sehr gut vorbereiten und schmeckt auch noch am nächsten Tag.

➕ Je nachdem, welche Kekse oder Früchte Sie verwenden, kann der Geschmack variiert werden, zum Beispiel mit Weihnachtskeksen oder Lebkuchen und gekochtem Birnenkompott mit Zimt. Für das Birnenkompott etwa 500 g Birnen schälen, schneiden und mit wenig Wasser und eventuell 1 Esslöffel Honig auf kleiner Stufe garen.

Energie: 230 kcal **Fett:** 10 g **Kohlenhydrate:** 23 g **Eiweiß:** 11 g **Ballaststoffe:** 3 g

Smoothies

Ein Smoothie besteht aus pürierten Früchten und Saft
und lässt sich mit einem Pürierstab oder Standmixer leicht
selbst herstellen. Geeignete Früchte sind: Äpfel und Birnen,
Erdbeeren, Himbeeren, Johannisbeeren, Heidelbeeren,
Bananen, Pfirsiche, Nektarinen, Pflaumen, Stachelbeeren,
Weintrauben, Kiwi und andere.

Tiefgekühlte Beeren sind nicht zu empfehlen, da sie even-
tuell mit Krankheitserregern belastest sein können, die bei
Kindern unter anderem zu Durchfallerkrankungen führen.
Man sollte TK-Früchte nur verwenden, wenn sie bei der
Verarbeitung gut erhitzt werden.

Weitere Zutaten: zum Beispiel Joghurt, Zitronensaft,
Orangensaft, Apfelsaft, roter Traubensaft, Kokosmilch (Dose)

Abschmecken: zum Beispiel mit Vanille, Zucker, Honig, Zimt,
geriebener Zitronenschale (Bio-Zitrone)

Pfirsich-Smoothie

4	Pfirsiche
1	Banane
400 ml	Orangensaft

Früchte vorbereiten (waschen, schälen) und
pürieren, mit Orangensaft bis zur gewünschten
Menge auffüllen.

Energie: 105 kcal **Fett:** 0 g **Kohlenhydrate:** 23 g **Eiweiß:** 2 g
Ballaststoffe: 3 g

Beeren-Smoothie

250 g	Erdbeeren
250 g	Johannisbeeren
4 EL	Joghurt, 1,5 % Fett
200 ml	roter Traubensaft, Vanille

Früchte vorbereiten und pürieren, mit rotem Traubensaft bis zur gewünschten Menge auffüllen und mit Vanille abschmecken.

Energie: 75 kcal **Fett:** 1 g **Kohlenhydrate:** 15 g **Eiweiß:** 2 g
Ballaststoffe: 3 g

Apfel-Bananen-Smoothie

2	Äpfel
1	Banane
4 EL	Zitronensaft
400 ml	Apfelsaft, geriebene Zitronenschale

Früchte vorbereiten und pürieren, mit Apfelsaft bis zur gewünschten Menge auffüllen und etwas Zitronenschale zufügen.

Energie: 110 kcal **Fett:** 0 g **Kohlenhydrate:** 26 g **Eiweiß:** 1 g
Ballaststoffe: 2 g

Kuchen und Gebäck

Apfelkuchen vom Blech

(24 Stück)

Für den Belag:

1,5 kg	säuerliche Äpfel (zum Beispiel Boskop, Cox Orange)
75 g	gemahlene Haselnüsse
3 EL	Rosinen
	Saft einer Zitrone
1 TL	Zimt
150 ml	Apfelsaft

Für den Teig:

250 g	Butter oder Margarine
250 g	Zucker oder Honig
2 Prisen	Vanillemark
6	Eier
1 Prise	Jodsalz
400 g	Weizenvollkornmehl
1½ Pck.	Backpulver
6 EL	Milch, 1,5 % Fett
1 TL	Zimt

1. Äpfel waschen, vierteln, Kerngehäuse entfernen und die Äpfel grob raspeln. Sofort mit dem Zitronensaft, den Nüssen, den Rosinen, 1 Teelöffel Zimt und dem Apfelsaft vermischen.

2. 200 g Butter oder Margarine, 200 g Zucker oder Honig, Vanillemark, Eier, Jodsalz, Mehl und Backpulver zu einem glatten Teig verrühren.

3. Den Backofen auf 200 °C vorheizen. Ein Backblech fetten oder mit Backpapier auslegen und zwei Drittel des Teigs darauf verteilen.

4. Die Apfelmischung vorsichtig darübergeben. Die Milch mit dem restlichen Teig verrühren und über die Apfelmischung streichen.

5. Restlichen Zucker und 1 Teelöffel Zimt vermischen und über den Teig streuen.

6. Restliche Butter in kleinen Flöckchen auf dem Teig verteilen.

7. In den Backofen geben und backen.

Backofen: 200 °C **Backzeit:** 60 Minuten

Pro Stück: **Energie:** 260 kcal **Fett:** 12 g **Kohlenhydrate:** 32 g **Eiweiß:** 5 g **Ballaststoffe:** 3 g

Rhabarber-Streuselkuchen vom Blech

(20 Stück)

Für den Teig:

200 g	Magerquark
6 EL	Milch, 1,5 % Fett
1	Ei
60 g	Rapsöl
1 Prise	Jodsalz
90 g	Zucker oder Honig
1 Pck.	Backpulver
400 g	Weizenvollkornmehl

Für den Belag:

1 kg	Rhabarber
	Saft einer Zitrone
90 g	Zucker

Für die Streusel:

200 g	Weizenvollkornmehl
75 g	Zucker oder Honig
120 g	Butter oder Margarine
½–1 TL	Zimt
	etwas Weizenvollkornmehl zum Bemehlen des Backblechs

1. Magerquark mit Milch, Ei, Öl, Jodsalz und Zucker oder Honig verrühren.

2. Backpulver und Weizenvollkornmehl zugeben, alles zu einem geschmeidigen Teig verarbeiten und 15 Minuten ausquellen lassen.

3. Während dieser Zeit den Rhabarber schälen und in kleine Stücke schneiden.

4. Zucker und Zitronensaft zugeben und vermengen.

5. Weizenvollkornmehl, Honig oder Zucker, Butter oder Margarine und Zimt zu einem Streuselteig verkneten.

6. Den Quark-Öl-Teig auf ein bemehltes Backblech geben und gleichmäßig andrücken.

7. Die Rhabarberstücke auf dem Teig verteilen und die Streusel darübergeben.

8. Im vorgeheizten Backofen backen.

Backofen: 200 °C **Backzeit:** 20–25 Minuten

Pro Stück: **Energie:** 235 kcal **Fett:** 9 g **Kohlenhydrate:** 32 g **Eiweiß:** 6 g **Ballaststoffe:** 4 g

Kernige Waffeln

	(20 Stück)
200 g	Vollkornmehl
4	Eier
75 g	Butter oder Margarine
50 g	Zucker oder Honig
50 g	gehackte Mandeln oder Haselnüsse
50 g	Sesam
50 g	Leinsamen
50 g	Sonnenblumenkerne
100 g	Haferflocken
250 ml	Milch, 1,5 % Fett
125 ml	Mineralwasser
1 Msp.	Vanille, gemahlen
½ TL	Zimt

Alle Zutaten zu einem geschmeidigen Teig verrühren und die Waffeln backen. Scheint der Teig zu fest, noch etwas Mineralwasser zugeben.

➕ Tiefgekühlte Waffeln nach dem Auftauen kurz im Backofen erhitzen, dann sind sie wieder knusprig.

Tipp: Können gut vorbereitet werden, da die Waffeln auch kalt lecker schmecken.

Pro Stück: **Energie:** 175 kcal **Fett:** 10 g **Kohlenhydrate:** 14 g
Eiweiß: 6 g **Ballaststoffe:** 3 g

Hefeteilchen

(18 Stück)

Für den Teig:

500 g	fein gemahlenes Dinkel- oder Weizenvollkornmehl
1 Wl.	frische Hefe oder 2 Beutel Trockenhefe
100 g	Zucker oder Honig
175 ml	lauwarme Milch, 1,5 % Fett
2	Eier
1 Prise	Jodsalz
100 g	Butter oder Margarine

Füllung für Apfelschnecken:

4	Äpfel
1 EL	Zitronensaft
1 TL	Zimt
50 g	gehackte oder gemahlene Mandeln
100 g	Zucker oder Honig

Füllung für Puddingschnecken:

750 ml	Milch, 1,5 % Fett
40 g	Zucker oder Honig
2 Pck.	Vanillepuddingpulver

1. Mehl in eine Schüssel geben und in die Mitte eine Mulde drücken. Die Hefe hineinbröckeln und mit 1 Esslöffel Zucker oder Honig und der Hälfte der lauwarmen Milch in der Mulde verrühren. Mit etwas Mehl vom Rand bedecken und 20 Minuten gehen lassen.

2. Anschließend Eier, Jodsalz, weiche Butter oder Margarine, restliche Milch und restlichen Zucker oder Honig zugeben und zu einem glatten Teig verkneten. Bei der Verwendung von Trockenhefe können gleich alle Zutaten miteinander vermischt werden.

3. Teig noch einmal mindestens 20 Minuten gehen lassen.

4. Auf einer bemehlten Arbeitsfläche den Teig zu einem Rechteck von etwa 50 x 35 cm ausrollen und mit Apfel- oder Puddingfüllung (siehe unten) bestreichen.

5. Den Teig aufrollen und in 2 cm dicke Scheiben schneiden. Auf ein mit Backpapier ausgelegtes Blech legen. Dabei die Schnecken mit den Händen etwas auseinanderziehen, damit der aufgerollte Teig in der Mitte Platz zum Aufgehen hat.

Varianten: Den Teig teilen und gleich Apfel- und Puddingschnecken backen.

Den Teig mit einer **Zucker-Zimt-Mischung** bestreuen, aufrollen und backen. Oder:

Den Teig mit **gehackten Nüssen** bestreuen, aufrollen und backen. Oder:

Die noch warmen Schnecken mit **erwärmter Marmelade** bestreichen.

6. Die Hefeschnecken noch einmal an einem warmen Ort 30 Minuten gehen lassen und dann in den vorgeheizten Backofen schieben.

Apfelschnecken:
Äpfel waschen, grob raspeln und mit den übrigen Zutaten mischen. Auf den Hefeteig streichen und nach Rezept weiter verfahren.

Puddingschnecken:
1. Aus den Zutaten nach Packungsanweisung einen Pudding kochen und gut die Hälfte auf den Hefeteig streichen.

2. Den restlichen Pudding kurz vor dem Backen als Kleckse auf die Schnecken geben.

Backofen: 200 °C **Backzeit:** 15–20 Minuten

Apfelschnecken, pro Stück: **Energie:** 225 kcal **Fett:** 8 g
Kohlenhydrate: 32 g **Eiweiß:** 5 g **Ballaststoffe:** 4 g

Puddingschnecken, pro Stück: **Energie:** 215 kcal **Fett:** 7 g
Kohlenhydrate: 31 g **Eiweiß:** 6 g **Ballaststoffe:** 3 g

Möhren-Nusskuchen

(12 Stück)

2	Möhren
150 g	Mandeln
4	Eigelb
50 ml	Wasser
150 g	Zucker oder Honig
150 g	Weizenvollkornmehl
1 TL	Backpulver
4	Eiweiß
	Butter zum Ausfetten der Springform

1. Möhren schälen und fein reiben, Mandeln mahlen.

2. Eigelb mit Honig oder Zucker und Wasser schaumig schlagen.

3. Mehl und Backpulver unterrühren, ebenso Möhren und Mandeln.

4. Eiweiß zu Schnee schlagen und vorsichtig unterheben.

5. Den Boden einer Springform einfetten, Teig einfüllen und im Backofen backen.

Tipp: Nach Wunsch können Sie den Kuchen mit Schokoladenglasur oder Kuvertüre überziehen.

Backofen: 180 °C **Backzeit:** 45 Minuten

Pro Stück: **Energie:** 200 kcal **Fett:** 9 g **Kohlenhydrate:** 22 g **Eiweiß:** 7 g **Ballaststoffe:** 3 g

Muffins

(15 Stück)
200 g	Weizenvollkornmehl
60 g	feine Haferflocken
2 TL	Backpulver
2	Eier
180 g	Zucker oder Honig
100 ml	Rapsöl, Butter oder Margarine
1 Prise	Vanillemark
300 g	Joghurt, 1,5 % Fett
200 g	Himbeeren oder Heidelbeeren, frisch oder TK

nach Belieben Puderzucker zum Bestäuben

1. Mehl mit Haferflocken und Backpulver mischen.

2. In einer zweiten Schüssel die Eier aufschlagen, verquirlen und mit Zucker oder Honig, Öl oder Fett, Vanillemark und Joghurt zu einem Teig verrühren.

3. Fett- und Mehlmischung miteinander verrühren.

4. Einige Beeren zum Dekorieren zurückbehalten, den Rest in den Teig geben und unterrühren. Den Teig eine Muffin-Backform füllen. Im Backofen backen.

5. Die abgekühlten Muffins mit je einer Beere dekorieren. Bitte beachten Sie: Das geht nur mit frischen Beeren. TK-Beeren sind wegen möglicher Belastung mit Viren dafür nicht empfehlenswert. Nach Belieben mit Puderzucker bestreuen.

Tipp: Muffins kann man auch mit grob geraspelten Äpfeln oder Birnen herstellen.

Backofen: 180 °C **Backzeit:** 20 Minuten

Pro Stück: **Energie:** 180 kcal **Fett:** 7 g **Kohlenhydrate:** 24 g
Eiweiß: 4 g **Ballaststoffe:** 2 g

Nussecken

(32 Stück)

Für den Teig:

400 g	Weizenvollkornmehl
100 g	brauner Zucker oder Honig
200 g	Butter oder Margarine
2	Eier

Für den Belag:

100 g	Marzipanrohmasse
3–4 EL	Wasser
400 g	Haselnusskerne, gemahlen
100 g	Butter oder Margarine
170 g	brauner Zucker oder Honig
100 g	Schmand
2 Msp.	Vanille, gemahlen

1. Aus Mehl, Zucker oder Honig, Butter oder Margarine und den Eiern einen Teig kneten und diesen auf einem gefetteten Backblech ausrollen.

2. Alle übrigen Zutaten in einer Pfanne bei geringer Hitze zu einer glatten Masse verrühren und gleichmäßig auf dem Teig verteilen.

3. Bei 200 °C etwa 20 Minuten backen und noch warm in dreieckige Stücke schneiden.

⊕ Die Nussecken schmecken hervorragend, aber sie sind auch recht fett- und zuckerreich.

Tipp: Die Nussecken schmecken auch ohne Marzipan.

Backofen: 200 °C **Backzeit:** 20 Minuten

Pro Stück: **Energie:** 255 kcal **Fett:** 18 g **Kohlenhydrate:** 19 g
Eiweiß: 4 g **Ballaststoffe:** 2 g

Schokokuchen

(16 Stück)

250 g	Butter oder Margarine
1 Prise	Vanille, gemahlen
3 EL	Kakao
250 g	Zucker oder Honig
100 ml	Wasser
400 g	Weizenvollkornmehl
1 Pck.	Backpulver
4	Eier
	Grieß für die Form
	Schokoladenglasur nach Belieben

1. Butter, Vanille, Kakao, Zucker oder Honig und Wasser aufkochen und abkühlen lassen.

2. Dann mit dem Mehl, dem Backpulver und den Eiern vermengen und in einer gefetteten und mit Grieß ausgestreuten Springform in den Ofen schieben.

3. Kuchen vor dem Stürzen auskühlen lassen.

4. Nach Wunsch mit einer Schokoladenglasur überziehen.

Backofen: 180 °C **Backzeit:** 45 Minuten

Pro Stück: **Energie:** 280 kcal **Fett:** 15 g **Kohlenhydrate:** 31 g
Eiweiß: 5 g **Ballaststoffe:** 3 g

Kirschkuchen

(12 Stück)

100 g	Butter oder Margarine
125 g	Honig oder Zucker
2	Eier
	Zitronenschale, unbehandelt
200 g	Weizenvollkornmehl
1 TL	Backpulver (gehäuft)
2 EL	Milch, 1,5 % Fett
500 g	Süßkirschen oder Sauerkirschen
4 EL	Kirschsaft oder Wasser
1 EL	Honig

1. Butter, Honig oder Zucker und Eier schaumig rühren, die abgeriebene Zitronenschale, das mit Backpulver vermischte Mehl und die Milch unterziehen.

2. Teig in eine gefettete Springform geben.

3. Mit entsteinten Kirschen belegen und backen.

4. Honig und Kirschsaft oder Wasser verrühren und den warmen Kuchen damit übergießen.

● In den Teig lässt sich auch ½ Teelöffel Zimt oder 1 Esslöffel Kakao hineinrühren.

Backofen: 175 °C **Backzeit:** 40–50 Minuten

Pro Stück: **Energie:** 195 kcal **Fett:** 8 g **Kohlenhydrate:** 27 g **Eiweiß:** 3 g **Ballaststoffe:** 2 g

Getränke

Rhabarbersirup

(ca. 1 Liter)
2 kg Rhabarber
0,5 l Wasser
500 g Zucker
       Saft einer Zitrone

1. Rhabarber waschen und ungeschält in etwa
   2 cm lange Stücke schneiden. Mit dem Wasser
   aufkochen, bis die Stücke weich sind.

2. Den Saft durch ein Tuch in eine Schüssel ablaufen
   lassen. Eventuell das Tuch an den Enden drehen,
   um weiteren Saft herauszupressen.

3. Zucker und Zitronensaft zum Rhabarbersaft geben
   und nochmals kurz aufkochen.

4. Fertigen Sirup in eine saubere Flasche geben und
   kühl aufbewahren.

○ Der Sirup schmeckt sehr gut mit Mineralwasser
   gemischt oder auch zu Nachspeisen.

○ Statt Rhabarber können Sie ebenso gut Erdbeeren
   oder Himbeeren verwenden.

Pro Portion (= 1 EL): Energie: 34 kcal Fett: 0 g Kohlenhydrate: 8 g
Eiweiß: 0 g Ballaststoffe: 0 g

Früchtebowle

(8 Portionen)
400 g	Früchte der Saison (zum Beispiel Erdbeeren, Himbeeren, Kirschen, Orangen, Kiwi)
	Saft einer Zitrone
500 ml	Apfelsaft
500 ml	Mineralwasser

1. Früchte waschen, in mundgerechte Stücke schneiden und in ein Bowlegefäß oder eine Karaffe geben. Mit Zitronensaft beträufeln und Apfelsaft und Mineralwasser aufgießen.

Energie: 55 kcal **Fett:** 0 g **Kohlenhydrate:** 12 g **Eiweiß:** 1 g
Ballaststoffe: 1 g

Heißer Punsch

(10 Portionen)
1½ l	frisch aufgebrühter Früchtetee (Teemenge nach Angabe auf der Packung)
2	Orangen
2	Äpfel
500 ml	roter Traubensaft
1	Zimtstange
½ TL	Vanillemark
3 EL	Rosinen
	nach Geschmack 2 EL Honig oder Zucker

1. In den heißen Tee die gewaschenen und klein geschnittenen Äpfel und Orangen geben.

2. Mit Traubensaft, Gewürzen und Rosinen noch einmal kurz erhitzen. Nach Geschmack mit Honig oder Zucker abschmecken.

Energie: 80 kcal **Fett:** 0 g **Kohlenhydrate:** 18 g **Eiweiß:** 1 g
Ballaststoffe: 1 g

Apfel-Minze auf Eis

	(8 Portionen)
1 l	Wasser
1 Bd.	frische Minze
600 ml	Apfelsaft
2	Limetten
	Eiswürfel

1. Die frische Minze waschen und die Blätter von den Stengeln zupfen. Einige Blättchen zur Seite legen. Blätter mit 1 Liter kochendem Wasser übergießen, ziehen und abkühlen lassen.

2. Eine Limette auspressen, die andere Frucht in Scheiben schneiden.

3. Den kalten Minzsud mit Apfelsaft vermischen.

4. Getränk in Gläser füllen, Eiswürfel nach Belieben zugeben. Mit einigen Blättchen dekorieren und alles mit einer Zitronenscheibe garnieren.

○ Statt frischer Minze können Sie auch getrocknete Pfefferminze im Teebeutel verwenden.

Energie: 80 kcal **Fett:** 0 g **Kohlenhydrate:** 18 g **Eiweiß:** 1 g
Ballaststoffe: 1 g

Anhang

Saisonaler Kalender
Heimisches Obst und Gemüse – Wann gibt es was?

OBST

	JANUAR	FEBRUAR	MÄRZ	APRIL	MAI	JUNI	JULI	AUGUST	SEPTEMBER	OKTOBER	NOVEMBER	DEZEMBER
Äpfel	●	●	●	●	●			○	○	○	●	●
Aprikosen							○	○				
Birnen	●							○	○	●	●	●
Brombeeren								○	○	○		
Erdbeeren					◐	○	○	○	○	◐		
Heidelbeeren							○	○				
Himbeeren						◐	○	○				
Johannisbeeren						○	○	○				
Kirschen, sauer							○	○				
Kirschen, süß						◐	○	○	○			
Mirabellen							○	○				
Pfirsiche							○	○				
Pflaumen								○	○			
Quitten										○	○	
Stachelbeeren						○	○	○				
Tafeltrauben								○	○	○		

SALAT

	JANUAR	FEBRUAR	MÄRZ	APRIL	MAI	JUNI	JULI	AUGUST	SEPTEMBER	OKTOBER	NOVEMBER	DEZEMBER
Eissalat					▢	○	○	○	○	○	○	
Endiviensalat					▢	○	○	○	○	○	○	○
Feldsalat	▢	▢	▢	▢	○	○	○	○	○	○	○	▢
Kopfsalat, Bunte Salate				▢	○	▢	▢	○	○	○	○	▢
Radicchio						○	○	○	○	○	○	○
Romanasalate					▢	○	○	○	○	○	○	○
Rucola (Rauke)				▢	○	○	○	○	○	○	○	○

Sehr geringe Klimabelastung:
Freilandprodukte

Geringe bis mittlere Klimabelastung:
 Produkte aus ungeheizten oder schwach
geheizten Gewächshäusern

Geringe bis mittlere Klimabelastung:
Lagerware

Hohe Klimabelastung:
Produkte aus geheizten Gewächshäusern

 „Geschützter Anbau" (Abdeckung mit Folie oder Vlies, ungeheizt)

GEMÜSE

GEMÜSE	JANUAR	FEBRUAR	MÄRZ	APRIL	MAI	JUNI	JULI	AUGUST	SEPTEMBER	OKTOBER	NOVEMBER	DEZEMBER
Blumenkohl				●	●	●	●	●	●	●	●	
Bohnen						●	●	●	●	●		
Brokkoli					●	●	●	●	●	●	●	
Chicorée	●	●	●	●	●	●	●	●	●	●	●	●
Chinakohl	●	●	●	●	●	●	●	●	●	●	●	●
Erbsen						●	●	●	●	●		
Fenchel					●	●	●	●	●	●		
Grünkohl	●	●								●	●	●
Gurken: Salat-, Minigurken			●	●	●	●	●	●	●	●		
Gurken: Einlege-, Schälgurken						●	●	●	●			
Kartoffeln	●	●	●	●	●	●	●	●	●	●	●	●
Kohlrabi						●	●	●	●	●	●	
Kürbis	●	●	●						●	●	●	●
Lauch	●	●	●	●	●	●	●	●	●	●	●	●
Mai-/Herbstrübe	●	●	●	●	●	●	●	●	●	●	●	●
Mangold				●	●	●	●	●	●	●	●	
Möhren	●	●	●	●	●	●	●	●	●	●	●	●
Pastinaken	●	●	●	●	●				●	●	●	●
Petersilienwurzel	●	●	●	●	●				●	●	●	●
Radieschen				●	●	●	●	●	●	●	●	
Rettich	●	●	●	●		●	●	●	●	●	●	●
Rhabarber			●	●	●	●	●					

GEMÜSE

GEMÜSE	JANUAR	FEBRUAR	MÄRZ	APRIL	MAI	JUNI	JULI	AUGUST	SEPTEMBER	OKTOBER	NOVEMBER	DEZEMBER
Rosenkohl	■●	■●	■							●	●	●
Rote Bete	■	■	■	■	■	●	●	●	●	●	●	■
Rotkohl	■	■	■	■	■	◭	●	●	●	●	●	■
Schwarzwurzel	■	■	■	■					●	●	●	■
Sellerie: Knollensellerie	■	■	■	■	■	■	●	●	●	●	●	■
Sellerie: Stangensellerie					●	●	●	●	●	●	●	
Spargel				◭○	●	●						
Spinat					●	●	●	●	●	●	●	
Spitzkohl	■	■			◭	●	●	●	●	●	●	■
Steckrüben (Kohlrüben)	■	■	■						●	●	●	■
Stielmus		▪	▪	●	●	●						
Tomaten: geschützter Anbau						◭	◭	◭	◭			
Tomaten: Gewächshaus			◉	◉	◉	◉	◉	◉	◉	◉	◉	
Topinambur	■	■	■	■						●	●	■
Weißkohl	■	■	■	■	◭	◭	●	●	●	●	●	■
Wirsingkohl	■	■	■	■	■	◭	●	●	●	●	●	■
Zucchini						◭	●	●	●	●		
Zuckermais								●	●	●		
Zwiebeln	■	■	■	■	■	◭	●	●	●	●	■	■
Zwiebeln: Bund-, Lauch-, Frühlings-				◭○	●	●	●	●	●	●	●	

Rezeptregister

Adressen der Verbraucherzentralen

**Verbraucherzentrale
Baden-Württemberg e. V.**
Paulinenstraße 47
70178 Stuttgart
Telefon: 0 18 05/50 59 99
(0,14 €/Min., Mobilfunkpreis
maximal 0,42 €/Min.)
Fax: 07 11/66 91-50
www.vz-bawue.de

Verbraucherzentrale Bayern e. V.
Mozartstraße 9
80336 München
Telefon: 0 89/5 39 87-0
Fax: 0 89/53 75 53
www.verbraucherzentrale-bayern.de

Verbraucherzentrale Berlin e. V.
Hardenbergplatz 2
10623 Berlin
Telefon: 0 30/2 14 85-0
Fax: 0 30/2 11 72 01
www.vz-berlin.de

**Verbraucherzentrale
Brandenburg e. V.**
Templiner Straße 21
14473 Potsdam
Telefon: 03 31/2 98 71-0
Fax: 03 31/2 98 71-77
www.vzb.de

Verbraucherzentrale Bremen e. V.
Altenweg 4
28195 Bremen
Telefon: 04 21/1 60 77-7
Fax: 04 21/1 60 77 80
www.verbraucherzentrale-bremen.de

Verbraucherzentrale Hamburg e. V.
Kirchenallee 22
20099 Hamburg
Telefon: 0 40/2 48 32-0
Fax: 0 40/2 48 32-290
www.vzhh.de

Verbraucherzentrale Hessen e. V.
Große Friedberger Straße 13–17
60313 Frankfurt/Main
Telefon: 0 18 05/97 20 10
(0,14 €/Min., Mobilfunkpreis
maximal 0,42 €/Min.)
Fax: 0 69/97 20 10-40
www.verbraucher.de

**Verbraucherzentrale
Mecklenburg-Vorpommern e. V.**
Strandstraße 98
18055 Rostock
Telefon: 03 81/2 08 70 50
Fax: 03 81/2 08 70 30
www.nvzmv.de

**Verbraucherzentrale
Niedersachsen e. V.**
Herrenstraße 14
30159 Hannover
Telefon: 05 11/9 11 96-0
Fax: 05 11/9 11 96-10
www.verbraucherzentrale-
niedersachsen.de

**Verbraucherzentrale
Nordrhein-Westfalen e. V.**
Mintropstraße 27
40215 Düsseldorf
Telefon: 02 11/38 09-0
Fax: 02 11/38 09-216
www.vz-nrw.de

**Verbraucherzentrale
Rheinland-Pfalz e. V.**
Seppel-Glückert-Passage 10
55116 Mainz
Telefon: 0 61 31/28 48-0
Fax: 0 61 31/28 48-66
www.verbraucherzentrale-rlp.de

**Verbraucherzentrale des
Saarlandes e. V.**
Trierer Straße 22
66111 Saarbrücken
Telefon: 06 81/5 00 89-0
Fax: 06 81/5 00 89-22
www.vz-saar.de

Verbraucherzentrale Sachsen e. V.
Katharinenstraße 17
04109 Leipzig
Telefon: 03 41/69 62 90
Fax: 03 41/6 89 28 26
www.verbraucherzentrale-sachsen.de

**Verbraucherzentrale
Sachsen-Anhalt e. V.**
Steinbockgasse 1
06108 Halle
Telefon: 03 45/2 98 03-29
Fax: 03 45/2 98 03-26
www.vzsa.de

**Verbraucherzentrale
Schleswig-Holstein e. V.**
Andreas-Gayk-Straße 15
24103 Kiel
Telefon: 04 31/5 90 99-0
Fax: 04 31/5 90 99-77
www.verbraucherzentrale-sh.de

Verbraucherzentrale Thüringen e. V.
Eugen-Richter-Straße 45
99085 Erfurt
Telefon: 03 61/5 55 14-0
Fax: 03 61/5 55 14-40
www.vzth.de

**Verbraucherzentrale
Bundesverband e. V.**
Markgrafenstraße 66
10969 Berlin
Telefon: 0 30/2 58 00-0
Fax: 0 30/2 58 00-518
www.vzbv.de

Impressum

Herausgeber

Verbraucherzentrale Nordrhein-Westfalen e. V.
Mintropstraße 27, 40215 Düsseldorf
Telefon: (02 11) 38 09-5 55, Telefax: (02 11) 38 09-2 35
E-Mail: publikationen@vz-nrw.de
www.vz-nrw.de

Mitherausgeber
Verbraucherzentrale Hamburg e. V.
Verbraucherzentrale Bundesverband e. V.
(Adressen ····⟩ Seite 238 f.)

Autorinnen	Gabriele Graf, Ursula Plitzko, Ursula Tenberge-Weber
Koordination	Wibke Westerfeld
Lektorat	Dr. Doris Mendlewitsch, www.mendlewitsch.de
Nährwertberechnung	Luisa Cameli
Illustrationen	Alle Katrin Wiehle, Decatur, USA, außer: S. 106 VZ NRW, S. 232–235 Arndt Knieper
Fotos	S. 23, 27, 32, 33 aid infodienst; S. 116, 133, 150, 204, 215, 228 Fotolia
Umschlag	LNT Design, Ute Lübbeke, Köln
Layout und Satz	typocepta, Köln
Druck	Stürtz GmbH, Würzburg gedruckt auf 100 % Recyclingpapier

Redaktionsschluss: Februar 2015